公共政策经典案例选评

（上册）

欧朝敏　杨清清　刘　燕　主编

国防科技大学出版社
·长沙·

图书在版编目(CIP)数据

公共政策经典案例选评/欧朝敏,杨清清,刘燕主编.—长沙:国防科技大学出版社,2016.1

(领导与管理系列)

ISBN 978-7-5673-0427-7

Ⅰ.①公… Ⅱ.①欧…②杨…③刘… Ⅲ.①政策分析 Ⅳ.①D0

中国版本图书馆CIP数据核字(2015)第295810号

国防科技大学出版社出版发行

电话:(0731)84572640　邮政编码:410073

http://www.gfkdcbs.com

责任编辑:周　蓉　　责任校对:邹思思

新华书店总店北京发行所经销

国防科技大学印刷厂印装

*

开本:787×960　1/16　印张:13　字数:182千

2016年1月第1版第1次印刷　　印数:1-1500册

ISBN 978-7-5673-0427-7

定价:25.00元(含上、下册)

感谢国防科技大学 MPA 一流课程体系重点建设项目，国防科技大学军队行政管理与危机管理 MOOC 课程体系重点建设项目，国家自然科学基金项目“基于多元社会网络的恐怖组织瓦解研究”（编号：71303251）的资助。

欧朝敏 国防科技大学信息系统与管理学院副教授，经济学博士，公共管理与工商管理教研室主任，硕士研究生导师。新加坡国立大学、英国伯明翰大学访问学者，湖南省行政管理学会理事。主要从事公共经济政策和危机管理方面的研究，发表论文20余篇。

杨清清 国防科技大学信息系统与管理学院讲师，管理学博士。主要从事公共政策分析方面的教学研究，主持完成国家自然科学基金项目1项，国防基础科研项目和省级课题10余项，在国内外核心刊物发表论文20余篇。

刘 燕 国防科技大学信息系统与管理学院副教授，管理学博士。主要从事人力资源绩效管理、服务质量评价、满意度评估等方面的研究，主持国家自然科学基金项目1项；长期从事管理类课程教学。

前　言

作为高校教师，我们在课堂上使用案例，也尝试编写案例。一直以来，都想总结和反思在这方面的体会。有幸获得项目资助，有了这么一个宝贵的机会。我们精选了一些公共政策领域的典型案例，案例涉及军队和地方政府，覆盖公共政策分析的全过程，即政策制定、政策执行、政策评估和政策调整。

为了提高本书所编案例的可操作性，除了案例正文（上册）之外，我们还撰写了教学手册（下册），把我们对案例的理解与大家分享。教员可以根据需要，灵活使用上、下册。上册包括“中队长的困惑”“学员公共任务的分配”“改革开放以来中国的军费支出”“‘棱镜’计划，将何去何从?”“汽车限购令该不该继续?”“法定节假日谁说了算?”“一张名片引发的千万税款”“教师绩效工资改革为何掌声不多?”“醴陵市网格化管理”“四川省内江市农村产权制度改革”等十个案例。下册是十个案例相应的教学手册，包括每一个案例的教学目标、使用步骤、要点分析和所需要的条件等。

本书得以出版，离不开很多人的无私贡献。首先感谢可爱的学员们，他们除了直接撰写部分案例之外，还作为案例的首批读者，对案例提出了很多建设性的意见。其次感谢国防科技大学出版社的老师们，特别是徐飞编审和周蓉编辑，他们高水平的职业素养为本书增色不少，大到案例的代表性，小到格式和标点符号，都与我们进行了有益的探讨。

由于水平有限，书中难免存在不足，敬希读者批评指正。如果您有任何宝贵意见，请与我们联系，电子邮箱：ouchm@163.com。

期待您和我们一起领略案例的精彩！

作　者

2016年1月

目录（案例）

中队长的困惑*

摘　要：本案例描述了2005年某县发生的一起劫持人质案件，县政府请求武警某中队紧急驰援，中队长却遇到了主官联系不上、用兵请示时间长等一系列的困难。中队长到底应该怎么办？

关键词：公共危机；公共政策；案例研究

“在我服役期间，我历任战士、文书、班长、司务长、排长、副队长、队长、作训参谋、通讯参谋、作训股长、管理股长、事务长、财务股长等职务，使我印象最深的是这起劫持人质事件，这次事件已过去了9年的时间，但是在我心中一直是一个伤疤。”中队长王文说。

1　县政府请求紧急驰援

王文在某县城一个武警中队任中队长，该县城是一个拥有150余万人的大县，并且矿山集中，开矿泛滥。2005年4月的一天，一个开矿的家族企业内部发生了矛盾，一番激烈争吵过后，一个患有间歇性精神病的男子受到强烈刺激，劫持了他的外甥。男子情绪非常激动，并且持有炸药和凶器，他以外甥为人质要挟当地政府和人质家属准备50万元和一台车，否则就要杀掉人质。情况十分危急。县公安局把情况通报给武警中队，请求中队立即驰援。

---

* 由杨清清编写。

2　主官不在，该怎么决策?

当时武警部队对派兵请示是很慎重的，派兵必须要总队一级批准，批准后才能行动，而且还不能边行动边请示，一定要等到上面的明文批复才可以出兵。王文在接到请求驰援通报的第一时间就与支队值班室联系，反映情况。很不凑巧的是，当天支队长和政委都去市里开一个重要会议。两个主官都不在，只有参谋长留守。情况汇报到参谋长那之后，参谋长不敢拍板决策，支队长和政委也一直联系不上。无奈之下，参谋长只好通过业务口向总队警务处请示。

总队那边得一级一级请示，请示批复需要时间，但是县里情况非常危急。县长陈秋云亲自给中队长王文打电话表示了不满："我们县里公安局这边向你们请求驰援这么长时间了，怎么还不见中队有什么动静?"王文感到左右为难，如果强行带部队出去，显然是不符合规定的；但是如果不带部队出去，县长陈秋云这里又没法交差。派，还是不派？走，还是不走？上面一直没有一个明确的命令，要等批复到了才能够行动。可是再这样等下去，肯定要贻误时机。

王文在情急之下，做出了一个无奈之举。他认为根据他所掌握的情况和政策法规，这个事情肯定是要出动兵力的，上面也肯定会批准的，只不过是时间问题。因此，他事先调动了一个班的兵力到达离事发地不远的一个村里，等候批复。差不多过了1个小时，用兵请示批复终于到了。机动的兵力在5分钟内赶到了事发地点，支队的特战排也从支队出发，往事发地增援。到了事发地，县长、政法委书记、公安局长和王文一起开了一个短会，简要通报了情况。根据当时挟持者的情绪有所稳定，但是随时都有可能伤害人质的情况，做出决定，先尽量让家人用亲情去感化劫持者，但是亲人的劝说没能起到作用，当地镇政府代表和公安局谈判专家去劝说也没有用。劫持者突然情绪激动起来，把刀架在人质的脖子上，把人质拉到窗边，情况恶化。县长和公安局长当即拍板强攻。

强攻？王文又陷入了两难的境地，强攻必须得到支队授权。公安局长问王文：“队长，强攻你有把握吗？”王文面露难色说：“如果我们得到上级的命令是有把握的，如果没有得到上级命令，我还真不敢下令开枪狙击。”公安局长直接打电话到支队，留守的参谋长对公安局长说，这个事情他也做不了主，必须两位主官才能下这个命令。主官在市里开会，电话也联系不上。情况不允许再延误了，公安局长和王文协调说：“不行的话，你们就在外围帮我们看着，内部的核心区由我们公安人员进去解救人质。”

事发地点是在一栋居民楼四楼，下面楼层的居民都已经疏散，王文让班长带着战士在楼下外围等候时机抓捕。战术是一方面放鞭炮，干扰挟持者的注意力；另一方面，局长、王文带领 4 名刑警一起进入到内部核心区实施强攻援救。在强攻过程中，面临生死考验，出现了很戏剧性的一幕，当局长靠近门口时，鞭炮响了，突然门开了，人质自己开门跑了出来，局长一把抱起人质往下跑，王文跟着跑下来，随后挟持者也被制服了。

3　结束语

虽然结果是人质戏剧性地跑出来了，挟持者也被抓了。但是事件过后，王文却陷入了深深的困惑与思考：

第一，是不是应该加强对政策法规熟悉掌握的程度？这件事情该不该自己做？该怎么做？是不是属于职责范围内？能不能有一个清晰的判断？

第二，怎么对现场的态势进行清醒的判断？遇到这样的情况，该如何去争取上级领导的同意？当上级领导没有授权或者同意的情况下，要怎么把事情办得更圆满一些？

第三，怎样协调地方领导和直接领导的关系？地方领导认为这件事情应该由武警中队去做，而且只有武警中队才有人有枪来执行这个任务，而上级领导又认为这个事情在没有得到完全授权的情况下不能做，这时该怎么办？在这样尴尬局面下如何处理这些关系？

第四，武警部队用兵和用枪请示，是不是一定要等到上面批复？批复过程耽误的时间太长，批复到了，时机却贻误了，是不是应该更灵活地处理事情？

思考题

1. 中队长王文的困惑是什么？
2. 请你帮助中队长王文，解决他的困惑。

附录

《中华人民共和国人民武装警察法》草案二审稿修改要点

（原文标题《动用武警执行安保权限，收归国务院和中央军委》，载2009年8月26日《南方都市报》。）

十一届全国人大常委会十次会议对《中华人民共和国人民武装警察法》（下文简称《武警法》）草案进行第二次审议，相对于今年4月的初审稿，二审稿对调动使用武警部队执行安保任务权限的规定更加严格和谨慎，规定“批准权限和程序由国务院、中央军事委员会规定”，删除了“县级以上人民政府及其公安机关”有动用武警权限的具体规定。

中央党校教授蔡霞认为，虽然二审稿此项规定采取了模糊化处理，但是一个很大的进步，在当前群体事件频发的情况下，此项规定是想通过法律来防止地方政府随意调动警力。

以前武警调动只有内部方案

昨日，北京某区武警部队的一位负责人告诉南方都市报记者，当地的武警部队服从当地政府和部队的双重管理，在地级以上的公安机关首长担任当地武警部队的第一政治委员职务。当地一旦发生突发情况并且是公事，地方级政府部门都可以先调动武警，武警部队则“边行动边向武警部队的上级部门报告。一旦上级不同意，行动即时终止，警力立即撤回”。

全国人大常委会杨德清委员说，现在武警部队有很多任务，像执勤、处突、反恐等，很多都是由内部文件规定而不是法律赋予的。很多内部文件部队知道，老百姓并不知道。

山西基层公安系统的一位局长对此深有感触：“调动武警属于

内部操作方法，一般不公开，并且各省的情况不一样。”他告诉本报，在处置群体事件等突发事件中，县级政府没有权限调动武警。按照山西省规定：调用100名武警的须地级市政府批准；调100人以上300人以下要经过省公安厅批准。

北京市某区武警部队的负责人告诉本报，目前，武警在处理突发情况时属于第二线，主要负责维护现场秩序、抢救和救助伤员等。“除非出现打砸抢烧等严重犯罪行为，那武警对其进行控制是毋庸置疑的。”

哪级政府可动用武警，委员意见不一

“政府和群众对立的群体事件则不太适合动辄就动用武警”，中央党校教授蔡霞介绍，贵州瓮安事件、云南孟连事件和湖北石首事件中，地方政府重视政治意识而忽视了法律意识，将武警部队推到矛盾的最前沿，从而引发影响恶劣的警民冲突。

今年4月，《武警法》一审草案中规定：“县级以上人民政府及其公安机关在确需调动、使用人民武装警察部队执行安全保卫任务时，应当严格按照国务院、中央军事委员会规定的批准权限和程序办理。”

全国人大法律委员会关于草案审议结果的报告指出，有些委员对哪一级政府及其公安机关可以调动、使用武警部队有不同意见。有人认为，将调用武警的权限下放到县级政府“放得太宽”。全国人大法工委副主任信春鹰对此有疑问：这是不是一个可控的授权，会不会出现滥用或者使用武装警察的力量来对付人民内部矛盾或群体性事件，反而造成矛盾激化？“如果能够把这个层级提高一些最好，此外，调动武警的程序要非常严格，否则可能会出现问题。”

蔡霞同时表示：“群体事件如果控制不好，事态会进一步恶化，从而引发暴力犯罪的发生，因此，使用警力、动用武警的时机是很微妙的。”

此次审议的二审稿中，将调动武警的权限修改为：“调动、使用人民武装警察部队执行安全保卫任务，应当坚持严格审批、依法用警的原则。具体的批准权限和程序由国务院、中央军委规定。”

蔡霞认为，虽然此规定比较模糊，没有明确是哪一级政府可以调动武警，但法律草案中强调了“严格审批、依法用警”的原则，且将动用武警的权限和程序由国务院和中央军委决定，“是一个进步，旨在通过法律程序来防止地方政府滥用武警”。

在本次的人大常委会中，有委员代表提建议，将调用武警权限限定在地市级以上政府。

本次常委会会议《武警法》有望通过

据了解，中国武警部队组建于 1982 年，主要由内卫部队和黄金、森林、水电、交通四支警种组成，总员额现为 68 万人。据全国人大常委会委员、内务司法委员会副主任委员隋明太说，制定《人民武装警察法》意义重大，非常必要，也很紧迫。因为武警重新组建以来已经 27 年了，至今没有一部专门规范人民武装警察部队执行安全保卫任务的法律，在法律上是一个空白。

15 年前，我国就提出《武警法》的立法规划，今年 4 月第一次提交全国人大审议。在初审稿中，武警执行安全任务的职责范围共有九项。二审稿将第七项的“参加处置社会安全事件”和“参加处置恐怖袭击事件”，两项合并为一项，即参加处置暴乱、骚乱、大规模严重暴力犯罪事件、恐怖袭击事件和其他社会安全事件。武警部队在拉萨“3 · 14”和乌鲁木齐“7 · 5”打砸抢烧严重暴力犯罪事件的处置中，起到了立竿见影的效果，使事态得到了有效遏制，维护了社会稳定。

此次提交审议的二审稿同一审稿相比，做了局部改动，但总体调整不多。鉴于该草案比较成熟，全国人大法律委员会建议，二审稿经本次常委会会议审议后，如果意见比较一致，做进一步修改后，由本次常委会会议表决通过。

（《中华人民共和国人民武装警察法》于 2009 年 8 月 27 日通过并颁布实施。）

学员公共任务的分配*

摘　要：由学员来分配公共任务是一个普遍现象，也是一个具有挑战性的工作。本案例以某军校为背景，描述了学员骨干小李尝试解决公共任务分配问题中的酸甜苦辣。通过分析这一过程，引导读者思考如下问题：什么样的问题才能成为公共政策问题？公共政策的执行程序包括哪些环节？公共政策调整的原因和内容有哪些？

关键词：公共任务分配；学员；公共政策制定；公共政策调整

1　引言

在大学，或多或少有一些公共任务需要学员去完成，如打扫公共区域卫生等。大学里都有相应的团体来组织完成上述公共任务，具体由这些团体的学员负责人承担任务的分配工作，如地方大学学生会中的学生干部、军校学员连里的学员骨干。学员负责人分配公共任务是一件比较困难的事情：一方面，上级安排的任务需要完成；另一方面，作为承担分配任务的负责人，其安排的任务难以被“愉快”地执行。

比如有一天，某军校队干部找到学员骨干小李，要求他安排4名学员到校机关帮忙。一开始，小李按照正常的程序确定了4名学员，这些学员也按时到了校机关。但是到了之后，才发现工作任务

---

* 由李超编写，袁珺、姚匡杰、张勇刚参与整理和校对。

比较重，4 名学员干了一个上午也没有完成，于是向小李提出进行人员轮换。小李在征得队干部同意后，便着手安排人员轮换，刚开始还有些积极分子能主动参与轮换，但到后来大家都流露出一些畏难情绪，这也包括那些曾经积极主动完成公共任务的学员，因为大家都认为那些没能轮换上的占了便宜。之所以出现这一问题，其中原因当然是多方面的，有学员喜欢讲公平与不公平的原因，也有来自学员的负责人自身管理领导能力不强的原因。出现这一现象对管理者来讲，无疑是失败的，让那些积极干工作的人反而有吃亏的感觉；对整个团队来讲，也不利于团队的健康发展。这件事让小李陷入了思考，必须要有一个办法，来规范公共任务的分配，使公共任务能够得到有序的推进。既能保护那些愿意完成公共任务的学员的积极性，同时也要防止某些不愿意完成公共任务的学员偷懒，确保公平公正。

2　公共任务分配办法的制定

经过一番思考，小李召集了各位班长，把自己的想法告诉了大家，并请各位班长就制定公共任务的分配办法发表意见。会上大家踊跃发言，提出了很多很好的建议。

一是关于公共任务的界定。这是公共任务分配办法首先需要解决的一个问题，必须把公共任务界定在一定的范围之内。如果“什么是公共任务”没有搞清楚，会为后来的执行增加许多麻烦。经过讨论，将公共任务界定成“由分队干部和学员队骨干派出的，为学员队的利益而进行的各种公务活动”。这样界定主要是基于以下考虑：一是要明确公共任务的派出权限。这里限定为分队干部和学员队骨干（班以上行政管理骨干），而不是其他什么人，这就防止了公共任务的胡乱派出。比如，系领导或研究生导师常常给学员安排各种任务，这些任务不是公共任务，因为系领导或导师不负责学员分队的行政管理。二是要明确公共任务是为学员队的公共利益而派出的，与同学之间相互帮忙等私事有区别。

二是公共任务的分配规则。在进行讨论时，考虑到公共任务的性质不同，对公共任务进行了分类，并制定了不同的派出方法。主要考虑了以下一些因素：一是公共任务的轻重。不同的公共任务，劳动强度不一样，由女生负责重体力劳动是不公平的。因此在讨论的时候，将任务的轻重作为一个是否派出女生的标准。当然，这个标准由公共任务派出者掌握。二是公共任务的难易。容易的公共任务，想去的人多；难的公共任务，想去的人少或者大家都不愿意去。对大家都想去的公共任务，主要考虑平时完成公共任务次数较多的人员。对大家都不想去的公共任务，主要考虑平时完成公共任务次数较少的人员。三是公共任务的缓急。有的公共任务不急，有时间准备；有的公共任务比较急，没有太多时间准备。对不急的公共任务，骨干可以根据实际情况将公共任务名额分配到各班，各班自行组织分配公共任务人员。名额分配多少由本班公共任务总次数的多少决定，公共任务总次数较多的班级可以少分配名额。对比较急的公共任务，由骨干直接指定到个人。

三是落实公共任务执行时的几项制度。要保证公共任务分配办法的实施，需要制定以下几项制度：一是为了保证每个人的公共任务情况有记录可查，须建立登记制度。每次公共任务的情况，一定要及时登记。任务完成情况报告给分队值班骨干，由分队值班骨干负责登记公共任务时间及事项。二是建立公示制度。每隔一段时间将公共任务情况向所有人公布，既让每个人看到自己的公共任务情况，也可以让学员相互监督。三是建立讲评制度。必要时，结合点名、政教等时机对公共任务情况进行讲评，要及时表扬或批评。

经过大家的热烈讨论，最终形成了一个《分队公共任务分配办法（试行）》（见附录一）。

3 公共任务分配办法的执行

制定出《分队公共任务分配办法（试行）》（下文简称《办法》）之后，小李将其发到微信群里向大家公布，并声明大家如有意见，随时可以提出。该办法征求完意见，大家无异议之后开始执行。

经过一段时间的执行，小李发现虽然《办法》在一定程度上改变了公共任务分配的现状，但是也逐渐暴露出了一些问题。

一是大家对公共任务分配办法的不理解。公共任务分配办法虽然在骨干范围内进行了讨论，并在微信群里公示。但是在执行的过程中，有人对公共任务分配的办法不理解，没有搞清楚公共任务分配办法的来龙去脉，认为过于烦琐。有人时不时地就要来问一下公共任务的分配办法具体是怎么运行的。

二是出现了一些漏登记的现象。《办法》规定公共任务派出之后，应该进行登记，但是由于干部与骨干、骨干与骨干之间的情况没有互通，部分学员接到公共任务之后也没有及时向登记的骨干报告情况，造成一些学员的公共任务没能及时登记。比如，小张就曾经找到小李，问为什么他完成的一次公共任务没有登记。原来，小张直接受队干部的指派，完成了公共任务，但是小李对此并不知情，因而没有及时进行登记。

三是部分学员对《办法》本身的质疑。《办法》提到公共任务的派出由行政骨干负责，但在学员队的实际工作中，有的学员提出研委会分配的任务，虽说不是行政骨干分配的任务，但也是为队里做贡献，应该也算作公共任务。

4 公共任务分配办法的修订

为了解决上述问题，小李召集全体人员进行讨论。在会上，小李把《分队公共任务分配办法（试行）》向大家进行了详细的说明，然后将存在的问题告诉大家，请大家发表意见。有的学员提出，公共任务只登记次数，但是每次公共任务轻重程度不同，花费的时间也不同，这样的登记可能过于简单。也有的学员认为，虽然只统计次数，对个别同志来讲是不太公平的，但是公共任务的轻重和时间长短是随机的，每个人遇到的概率是平等的，这就是一种相对公平。

经过大会的初步讨论之后，小李再次召集各位班长开会，对《分队公共任务分配办法（试行）》进行修订，最后决定：一是关于公共任务分配的统计。除了统计次数之外，每一次任务也注明内容（见附录二）。二是关于公共任务分配执行的程序。要优化公共任务分配程序，干部与骨干、骨干与骨干之间要加强沟通。学员完成了公共任务，可以自己向登记人员报告，避免漏登记。三是关于非行政骨干安排公共任务。采取一个折中的方案，就是非行政骨干不直接分配公共任务，如果需要分配时，向行政骨干说明，由行政骨干统一安排。

经过上述修订，形成了《分队公共任务分配办法》（见附录三），公共任务分配不再是头疼的问题。

思考题

1. 作为学员骨干，小李为什么想制定《分队公共任务分配办法》？

2. 《分队公共任务分配办法（试行）》执行了一段时间之后，为什么会引发出一些问题？

3. 小李为什么要修订《分队公共任务分配办法（试行）》？为什么修订之后，公共任务分配不再是头疼的问题？

附录一

分队公共任务分配办法（试行）

一、公共任务的定义

公共任务指为集体的利益而进行的只以行政的手段来分配的任务。

（一）集体的任务

（二）行政分配

说明：行政分配以外的业务工作不能列入公共任务的范围，比如导师安排的任务，研委会、宣讲团等安排的工作，同学之间帮忙等，不能算作公共任务。

二、制定公共任务分配办法的目标

通过制定公共任务分配办法，规范个人在公共任务中的责任与义务，使公共任务的分配科学合理易操作，保证公共任务的顺利完成。

三、公共任务的特点

（一）行政性

（二）强制性

（三）协同性

四、公共任务的分配规则

公共任务人人同担，兼顾效率和公平，定性与定量相结合。

（一）轻重。不同的公共任务，劳动的强度不一样。尺度由公共任务派出者掌握。由于每次公共任务不尽相同，工作量大小不一，耗费的时间也长短不一，为了统计的方便，只统计次数。

（二）难易。容易的公共任务，想去的人多；难的公共任务，想去的人少或者大家都不愿意去。对大家都想去的公共任务，主要考虑平时完成公共任务次数较多的人员。对大家都不想去的公共任务，主要考虑平时完成公共任务次数较少的人员。因完成公共任务次数少，而被点名承担公共任务的，必须无条件服从，如有事不能承担公共任务，则由被点名者找人代替。

（三）缓急。有的公共任务不急，有时间准备；有的公共任务比较急，没有太多时间准备。对不急的公共任务，由分队骨干根据任务的实际情况将公共任务名额分配到各班，各班自行安排公共任务人员。名额分配多少由本班公共任务总次数的多少决定，公共任务总次数较多的班级可以少分配名额，反之亦然。对比较急的公共任务，由分队值班骨干直接指定。

五、公共任务执行及监督

（一）登记。每次完成公共任务一天内，由公共任务负责人或者完成公共任务的人员，将任务相关情况报告给分队值班骨干，内容包括时间、任务、由谁派出。公共任务管理人员负责登记。逾期不报告，造成漏登记，自行负责。

（二）公示。每隔一段时间将分队本段时间内公共任务统计情况在本分队范围内进行公示，接受全体人员的监督。

（三）讲评。必要时，结合点名、政教等时机对公共任务情况进行讲评。对平时完成公共任务积极的、次数较多的人员，进行表扬。

附录二

公共任务分配情况登记表

班级	姓名	任务 1	任务 2	任务 3	任务 4	任务 5	任务 6
1	A	英语演讲 1 月 18 日	搬桌子 5 月 21 日				
	B	搬黑板 5 月 20 日					
	C	英语演讲 1 月 18 日	座谈会 5 月 20 日	搬椅子 5 月 22 日	整理校报 5 月 28 日	领衣服 6 月 10 日	拍照 6 月 10 日
	……						
2	A	参加会议 1 月 20 日					
	B	听讲座 1 月 21 日	报账 3 月 10 日				
	C	英语演讲 1 月 18 日	拍照 4 月 5 日	领包裹 7 月 5 日			
	……						

附录三

分队公共任务分配办法

为加强分队公共任务分配管理，规范个人在完成公共任务中的责任与义务，促进高标准高质量完成各项公共任务，切实打造一个团结、高效、和谐的集体，制定本办法。

一、公共任务的定义

本办法中提到的公共任务，是指为分队或大家的利益而进行的各种公务活动。

二、公共任务的分配权限

由分队干部或者分队值班骨干分配任务。

三、公共任务分类及产生规则

不同类型的公共任务，有不同的产生办法。

（一）轻重。不同的公共任务，劳动的强度不一样，尺度由公共任务分配者掌握。

（二）难易。容易的公共任务，想去的人多；难的公共任务，想去的人少或者大家都不愿意去。对大家都想去的公共任务，主要考虑平时完成公共任务次数较多的人员。对大家都不想去的公共任务，主要考虑平时完成公共任务次数较少的人员。因承担公共任务次数少，而被点名承担公共任务的，必须无条件服从，如有事不能执行公共任务，则由被点名者找人代替。

（三）缓急。有的公共任务不急，有时间准备；有的公共任务比较急，没有太多时间准备。对不急的公共任务，由分队骨干根据任务的实际情况将公共任务名额分配到各班，各班自行安排公共任务人员。名额分配多少由本班公共任务总次数的多少决定，公共任务总次数较多的班级可以少分配名额，反之亦然。对比较急的公共任务，由分队值班骨干直接指定。

四、公共任务执行及监督

（一）登记制度。每次完成公共任务后，由负责人将公共任务人员及任务完成情况报告给分队值班骨干，由分队值班骨干负责登记公共任务时间及相关事项。

（二）公示制度。每隔一段时间，由分队将这段时间内公共任务统计情况在本分队范围内进行公示，接受全分队人员的监督。

（三）讲评制度。必要时，结合点名、政教等时机对公共任务情况进行讲评。对平时完成公共任务积极的、次数较多的人员，进行表扬。

改革开放以来中国的军费支出*

摘　要：本案例围绕着改革开放以来中国的军费支出这一主题展开，分别从绝对值和相对值两个角度描述我国的军费支出情况，分析了我国的军费支出对国民经济发展的影响，并提出更好地实现军民融合的建议。引导读者思考影响公共政策制定的主要因素，公共政策评估的标准和方法，评估完成后如何对公共政策进行调整，以及公共政策变迁的基本模式等。

关键词：改革开放以来；中国的军费支出；军费支出水平的阶段性

1　引言

2015年3月4日上午11时，十二届全国人大三次会议在人民大会堂新闻发布厅举行新闻发布会。各国记者围绕着各自关注的话题向该次会议的发言人傅莹提出问题，其中路透社记者问道："我的问题是中国今年是否准备上调国防预算？如果上调的话，比例是否会超过去年？"听到这个问题，傅莹首先回应："我这是第三次做新闻发布会，每次外媒都要问军费，据说我的前任也是如此，前任的前任也是如此，好像据说是外媒到我们这个发布会来，主要关心的就是军费。而且在人大之前，早早地他们的文章都写好了，中

---

* 由欧朝敏编写，毛杰参与了案例资料的收集和整理。

国军费如何如何，就等着今天这个数，我这个数一出来，他文章就出去了。但是今年你很客气，你没有问我们为什么增加军费，你只是问是不是增加了，这是一个很大的态度变化。”接着，简明扼要地回答完路透社记者所提的这个问题（见附录）。发生在新闻发布会上的这一幕，再次表明国内外媒体对我国军费支出关注的热切程度。

2　我国军费支出的情况

军费支出是指一个防务主体在军事活动中的财政投入[1]，是一个主权国家财政支出中必不可少的项目，往往反映一个国家的军事实力和经济实力，是一个国家综合国力的体现。世界上绝大多数国家每年都会公布自己国家当年的军费支出，我国也一样。

2.1　我国军费支出的绝对金额

根据我国政府公布的数据（见图 1），1978 年我国的国防支出为 168 亿元人民币，2014 年的国防支出为 8290 亿元。1978 年以来，我国军费支出整体保持上升的趋势，年均增长速度为 11.81%。根据增长速度的不同，以 20 世纪 90 年代中期为界，我国的军费支出大致可以分为两个阶段。在 20 世纪 90 年代中期之前，我国的军费支出稳定增长，有些年份甚至出现过负增长；20 世纪 90 年代中期之后，我国的军费支出步入较快增长的阶段，每年的增长速度均超过 10%。之所以军费支出增长相对较快，是因为我国政府更加重视提高军人的生活水平和加快军队的现代化建设。

2.2　我国军费支出的相对比例

前文从绝对值的角度分析我国的军费支出，由于绝对值更容易受物价变化的影响，本部分从相对比例（即相对值）的角度分析

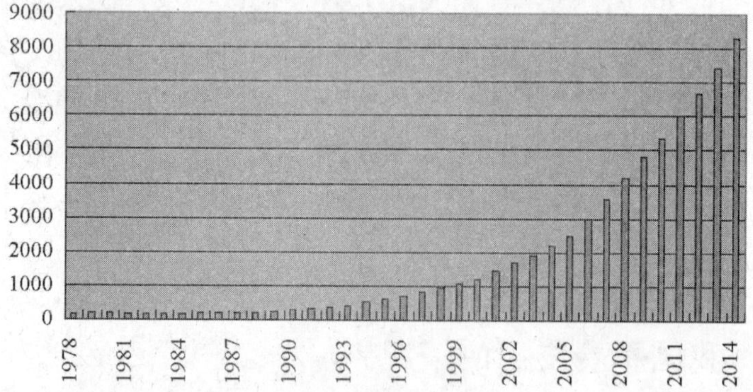

图 1 1978—2014 年中国的军费支出（单位：亿元）

我国的军费支出。一般而言，学术界更多采用军费支出占国内生产总值（GDP）的比重和军费支出占财政支出的比重这两个相对指标来衡量一国军费的支出情况，本部分采用军费支出占 GDP 的比重这一指标来进行分析。

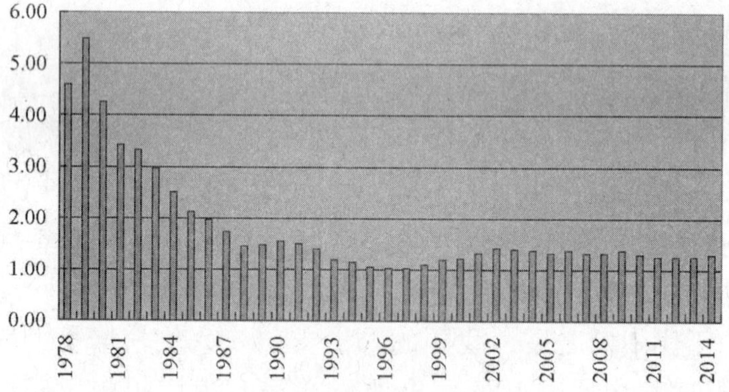

图 2 1978—2014 年中国军费支出占 GDP 的比重（单位:%）

如图 2 所示，根据我国军费支出占 GDP 比重的变化趋势，我国军费支出的水平大致可以分为三个阶段。第一个阶段从 1978 年到 1988 年，在这一阶段我国军费支出的水平呈持续下降的趋势，从 1979 年最高值的 5.48% 下降到 1988 年的 1.45%；第二阶段从

1989 年到 1996 年，我国军费支出的水平在小幅上升之后再次下降，其中 1996 年军费支出占 GDP 的比重是 1.01%，是中国改革开放以来的最低值；第三个阶段从 1997 年至今，我国军费支出的水平在再次上升之后保持在一个比较稳定的水平。我国军费支出水平之所以表现出上述特征，这与我国政治经济形势的发展密切相关。比如，导致我国军费水平在 1978 年到 1988 年持续下降的原因，可能是在经历了 1979 年对越自卫还击保卫边疆作战之后，为了服务全国经济发展的战略大局，国家采取了“以经济建设为中心”和“军队要忍耐”的方针。

2.3 部分国际组织估计的中国军费支出

一些国际组织也会估计世界主要大国的军费支出情况，如国际货币基金组织（IMF）、斯德哥尔摩国际和平研究所（SIPRI）和伦敦国际战略研究所（IISS）等。如 SIPRI 估计的中国军费支出一般高于我国政府公布的军费支出，有些年份甚至达到了 2 倍之多（见图 3）。

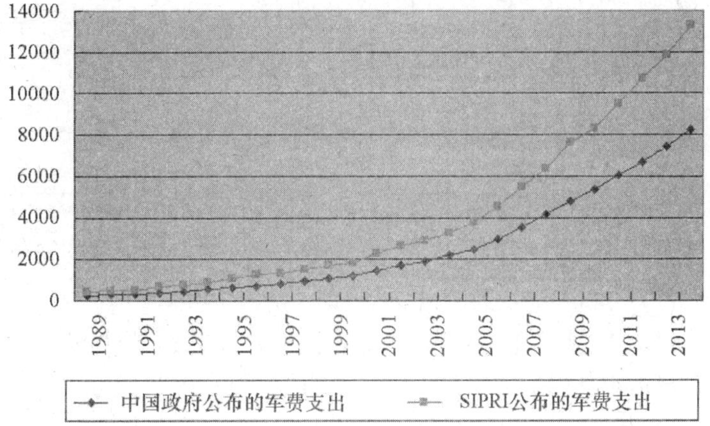

图 3　1989—2014 年中国政府公布的军费支出和 SIPRI 公布的军费支出（单位：亿元）

3 我国军费支出对国民经济发展的影响

军费支出对国民经济发展带来什么样的影响，这个问题一直以来没有统一的定论。一方面，军费支出在一定程度上挤占了部分社会稀缺资源，可能对经济增长产生负面影响；另一方面，军费支出又可以为国民经济提供一个安全稳定的发展环境，又可能对国民经济发展有积极作用。

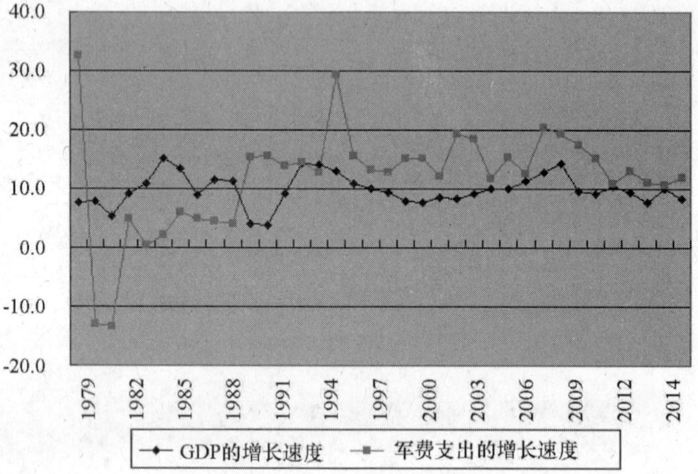

图4 1979—2014年中国GDP和军费支出的增长速度（单位:%）

我国军费支出到底是促进还是抑制了国民经济的发展（见图4），一直都是大家关注的焦点之一。李双杰、陈渤把经济部门分为三个部门，即私人部门、非国防公共部门和国防公共部门，认为对于私人部门来说，非国防公共部门的支出对其有消极影响，但是不显著，而国防公共部门的支出（即军费支出）对其产出有积极影响。刘涛雄、胡鞍钢则把经济部门分成国防部门和民用部门两个部门，研究后得出军费支出的规模效应为正，外部性效应为负的结论，说明了中国军费开支规模相对于经济总量处于十分克制的状态，因挤出效应而导致经济增长率下降的现象基本不存在，国防部门和民用部门之间基本没有任何的联系和沟通，国防部门的投资对民用部门几乎没有正向带动作用。[2]

综上所述，我国的军费支出一方面促进了国民经济发展，另一方面也存在着不利影响。要想更好地实现军民融合，推动国民经济的发展，需要“多管齐下”：

一是提高军费支出的比重，努力实现国防现代化和信息化。一个国家经济的增长需要有坚强的国防作为后盾，为了让国防建设和经济发展及综合国力相适应，满足经济发展和维护国家利益的需要，必须有适当比例的军费支出作为保障。而目前我国的军费支出虽然逐年增长，且增长幅度较大，但仍然没有跟上 GDP 增长和经济发展的速度，使得我国的军费支出一直在 GDP 中只占很小的一部分，近期多停留在 1%~1.5%。在新世纪新阶段，军队肩负着新的重要的历史使命，全军现代化和信息化建设如火如荼，军队建设需求日益增加。尽管自新中国成立以来，我国正处于一个最好的、最有利于发展的战略环境，但是滋生战争的条件依然存在；同时，世界上主要大国都开始了以信息化、数字化为目标的新军事竞赛。这些都使得增加军费支出以适应我军当前新军事变革成为一个迫在眉睫的任务。

二是加强国防部门与民用经济部门的联系。在我国，国防部门与民用经济部门之间的联系有待加强，国防工业对带动就业和内需的作用不是很明显。但是在美国，特别是一些国防工业发达的地区，国防工业给当地带来的人均合同总额甚至达到了其全国平均水平的 11 倍之多，对这些地区的经济发展起到了十分明显的促进作用。[3]我国的军费支出在拉动内需、促进民用经济部门发展等方面，则不如美国明显，对经济发展的促进作用相对于各因素来说还处于一个比较低的水平，有较大的提升空间。

三是提高军费支出的经济效益。在军队面临转型的重要时期，如何使军费支出既能够保证一定水平国防建设的需要，又能最大限度地带动经济的发展，是一个亟须认真考虑的问题。在使用军费的过程中，要注意成本效益原则的作用。在国民经济活动中，资源总是有限的，各部门在生产过程中要利用这些有限的资源去创造最佳的效益，国防部门也不例外。这就需要政府在提高军费支出的同时，确保军费支出在使用过程中能不断优化和调整结构，使军费支出在一个良好的结构下运行，从而提高军费支出的效益。

四是重视军队人才建设，提高对军事人力资本的投入。为适应全球新军事变革的需要，世界上主要大国军队都从战略的高度实施了以信息化为主导的军事人力资源建设，培养信息时代的知识型军事人才。面临新一轮的军事变革，为了确保高素质高水平人才进入军队、留在军队、扎根军队，为军队的发展做贡献，我国有必要加大对军队人力资源的投入，改变军队人员的知识结构，提高军队人员的知识水平。这样才能使军队建设适应现代化步伐，适应经济发展的节奏，更好地促进经济的发展和综合国力的提高。

思考题

1. 为什么 SIPRI 估计的中国军费支出与中国政府公布的军费支出金额有差异？

2. 我国在决定军费支出金额时，应该主要考虑哪些因素？

3. 中国的军费支出是促进还是抑制了国民经济发展？

附录

十二届全国人大三次会议发言人傅莹回答关于中国军费支出提问的情况

十二届全国人大三次会议于3月4日上午11时在人民大会堂新闻发布厅举行新闻发布会，新闻发言人傅莹回答了记者的提问。[4]

路透社记者：我的问题是中国今年是否准备上调国防预算？如果上调的话，比例是否会超过去年？

傅莹：我这是第三次做新闻发布会，每次外媒都要问军费，据说我的前任也是如此，前任的前任也是如此，好像据说是外媒到我们这个发布会来，主要关心的就是军费。而且在人大之前，早早地他们的文章都写好了，中国军费如何如何，就等着今天这个数，我这个数一出来，他文章就出去了。但是今年你很客气，你没有问我们为什么增加军费，你只是问是不是增加了，这是一个很大的态度变化。

傅莹：我想说的是，中国这个大国，我们需要有能够保卫国家安全、能够保卫人民的军事力量——军队，让老百姓放心，让人民安心生产、安心生活。我们的历史教训，落后就要挨打，这个我们不会忘记，我们国家要实现现代化，其中一个重要的内容就是要实现国防的现代化，实现我们国防、军队的现代化。这就需要一定的经费保障。对此，我们人大代表、广大人民群众都是支持的，当然我们也希望这个钱能用好。

傅莹：去年我们国防预算的增长幅度是12.2%，今年这个具体的数字要明天才能看到，因为明天这个预算才能够提交给大会的代表，代表才能看到。现在我可以给你透露一个大致的情况，即2015年预算草案当中建议的国防预算国防费用的增长幅度大概是

10%左右，和中央本级预算支出增长的建议水平差不多。实事求是地讲，我们国家整体军备的水平还是有差距的，还是需要时间的。

傅莹：在世界大国当中，中国的国防现代化的路应该说走得还是相当艰难的，大部分的军事装备、研发都要靠自己来做，甚至是从头做起。另外，我们广大官兵的保障还需要不断地加强。但是从根本上来讲，中国的国防政策还是防御性的，这是在宪法当中明确规定的。在这个方向上，在这个原则上，我们不会轻易地改变。我们改革开放这么多年取得了这么大的成就，我们不是靠炮舰开路去开拓经贸的，而是完全去靠互利互惠的合作，甚至是让利的合作。这条道路、和平发展的道路，我们走得是成功的，我们今后会继续坚持走和平发展的道路。谢谢。

主要参考文献

[1] 孙小义,刘美芳. 国防支出与经济增长关系的研究方法述评[J]. 科技信息,2008(14): 126 - 128.

[2] 刘涛雄,胡鞍钢. 外部掠夺下的国防开支与经济增长[J]. 经济学(季刊),2008(4):1336 - 1351.

[3] Atkinson R D. The Impact Of the Defense Build - Down on State and Local Economies[J]. Economic Development Review, 1992(4):55 - 59.

[4] 人民网. 十二届全国人大三次会议发布会实录,傅莹答记者问经典回顾[EB/OL]. (2015 - 03 - 04)[2015 - 10 - 10]. http://news.0898.net/n/2015/0304/c231187 - 24064438.html.

“棱镜”计划，将何去何从？*

摘　要： 本案例以美国“棱镜”计划披露后引发全世界对美国的抗议为切入点，在系统梳理美国刑事监听政策演变过程的基础上，阐述了美国的“棱镜”计划以及由此引发的争议。引导读者思考应如何处理好确保政策实施效果和遵循公共伦理价值两者之间的关系，在面对危机时如何正确进行决策，我国应从中吸取哪些经验教训以完善现有的刑事监听政策等问题。

关键词： 刑事监听政策；隐私权；反恐；政策修订

1　引言

奥巴马就任美国总统后，大力调整美国的反恐战略。如突出重点，收缩反恐打击面，重点打击“基地”组织及其分支；注意减少美军伤亡，频繁使用无人机等。为了成功推行上述战略，奥巴马政府的一个重要抓手就是推行科技反恐和加强反恐情报建设，在准确侦查反恐情报的基础上，实现情报先行、精确打击。应该说，奥巴马的这一战略基本取得了成功，如击毙了“基地”组织领导人本·拉登等。由此可见，美国注重发挥自己的高科技优势，将各种

* 由欧朝敏编写，杨清清和刘燕参与了资料的收集和整理。本案例参加了第一届全国 MPA 教学案例入库评选活动，并成功入选，现已根据本书的要求进行了修改。

高科技手段应用于恐怖主义打击中，如反恐监听和打击等。虽然这些手段取得了较好的效果，但往往也是一把双刃剑，如使用不当很容易产生严重的不良后果。美国是世界上较早提出公民隐私权保护且将其运用于司法实践的国家。2013 年 6 月，一场危机不期而至。由于美国中央情报局前职员斯诺登把美国秘密实施的监听项目通过英国《卫报》等媒体对外公布，全世界在震惊之余，纷纷指责美国的反恐监听行为严重侵犯了隐私权和违背了国际关系准则。应如何调整美国现有的反恐监听政策，成为奥巴马政府不得不面对的问题。

2 美国刑事监听政策的演变

反恐监听政策是美国整个刑事监听政策的一部分，要正确理解美国的反恐监听政策，须将其放在刑事监听政策这一整体内考虑。随着形势的发展和人们认识的变化，美国多次修改其刑事监听政策。如何保证既能有效预防和打击犯罪，又能较好保护公民的隐私权是制定和修改刑事监听政策需要考虑的关键问题。根据政策制定者对这一关键问题理解的差异，可将美国的刑事监听政策分为三个阶段：宽容阶段、限制阶段和调整阶段。

美国的刑事监听政策虽然几经修改，但万变不离其宗，都是以美国宪法第四修正案为基础的。美国宪法第四修正案在 1792 年 3 月 1 日正式通过，修正案规定：人民的人身、住宅、文件和物品不受无理搜查和扣押的权利，不得侵犯。除依照合理依据，以宣誓或代誓宣言保证，并具体说明搜查地点和扣押的人或物，不得发出搜查和扣押状。

2.1 宽容阶段

在这一阶段，美国对刑事监听采取了较宽容的态度。美国联邦最高法院最早关于监听侵犯隐私权的判例是 1928 年的 Olmstead

V. United States 案。在案件中，联邦调查局于未获监听令状的情况下，在 Olmstead 的住所外的电话线上安装窃听器以监听他与其律师的谈话内容。最高法院认为 Olmstead 的第四修正案权利并未受到侵犯，因为在本案中，并没有对其人身进行搜查和拘束，也没有对其文件和任何实际物品进行扣押，更没有入侵他的房屋和庭园。

又如在 1961 年的 Silverman V. United States 一案中，联邦调查局人员在墙壁洞隙中放置用于窃听的麦克风，以监听被告有关犯罪的谈话内容。最高法院审理后认为，联邦调查局人员之行为构成实质性的侵犯，违反宪法第四修正案的规定。虽然本案的判决结果与前一个案件不同，但其依据仍然是"实质侵入"。

2.2 限制阶段

随着社会越来越重视隐私权的保护，美国开始对刑事监听采取限制的态度，其标志是 1967 年的 Katz V. United States 案。在案件中，联邦调查局人员并未取得监听令状，而将电子监听仪器装置于公用电话亭的顶端，从而得知被告违反联邦赌博法的情况。最高法院改变了以前的审判惯例，认为公用电话亭虽属公共场所，而非私人领域，但宪法保护的对象乃为"人"而非"地域"，因此，联邦调查局人员所实施的监听行为违反宪法第四修正案的规定。同样是在 1961 年，最高法院审查纽约州的监听法规时，发现监听令状核准的申请程序、内容，以及如何执行、执行后的处置等与宪法第四修正案规定的要件标准不合，因而认定纽约州该监听法规违宪，侦查人员所据以获得的证据不得作为被告有罪的证明。[1]

与最高法院的判决相一致，美国国会在刑事监听相关立法中也体现了上述变化。如 1968 年的《综合犯罪控制与街道安全法》有关于有线通讯及口头对话监听制度的规范，1986 年的《电子通信隐私法》有监听实施的法律规范。

2.3 调整阶段

“9·11”事件的发生极大地改变了美国对刑事监听政策的态度，在打击恐怖主义的旗号下，美国修改了《外国情报监视法》和出台了《爱国者法》，大大放宽了对刑事监听的限制和扩大了行政机关的自由裁量权。《外国情报监视法》规定如果通信一方位于美国境外，美国情报部门可以在未获法庭授权的情况下对其电话、电子邮件以及其他通信活动实施长达一周的监控。《爱国者法》允许执法机关在侦查恐怖主义犯罪案件时，可以采取监听等特殊手段；延长了根据外国情报监视法所允许监视的时间期限，从45天延长到90天；在没有达到普通的合理根据标准的情况下，允许为了情报的目的而监视美国公民；允许根据外国情报监视法采取“漫游”监视命令，该命令的目标针对具体的个人而不是具体的电话号码或位置。[2]

3 美国的“棱镜”计划

随着美国开始调整其刑事监听政策，美国政府利用这一契机，在打击恐怖主义的旗号下，秘密实施了数项大规模刑事监听项目，其中便包括为大家所熟知的“棱镜”计划。

3.1 美国“棱镜”计划简介

“棱镜”计划是一项由美国国家安全局自2007年起开始实施的绝密级电子监听计划，正式代号为“US－984XN”，年度成本2000万美元。2012年，作为总统每日简报的一部分，计划数据被引用1477次。计划能够对即时通信和既存资料进行深度的监听，对特定的搜索对象展开全方位、多角度的情报跟踪。通过接入微软、雅虎、谷歌、苹果等美国互联网公司中心服务器，对视频、图片、邮件等数据进行监控，搜集情报、监视恐怖分子的网络活动和电话通话记录等。

3.1.1 以网络公司九大巨头提供的服务为支撑接收"棱镜"数据

网络公司九大巨头微软、苹果、谷歌、Facebook、YouTube、AOL等，它们提供了客户端操作系统、电子邮件、即时通讯、网络接入等服务，为用户提供服务的同时也为美国政府提供了获取情报的便利。所有的不同服务器上的数据都要通过路由器来传送，政府通过路由器可以获得电子邮件、语音交谈视频、影片、照片、VOIP交谈内容、档案传输、登入通知、社交网络细节数据，甚至可以实时监控一个人正在进行的网络搜索内容。每个被"棱镜"系统追踪的目标都会有一个代码，代码的不同部分各具含义，例如，P2ESQC120001234，其中，P2表示数据来源于雅虎，E表示内容类型为电子邮件，SQC表示计划源搜集方式为固定三维图，12表示创建年，0001234表示序列号。案例代码格式反映了实时监控和存储内容的可用情况。

3.1.2 通过通讯层对海量信息进行自动实时监控

想在海量的数据中寻找有用的信息是有很大难度的，这些信息可能需要人工处理，这将导致大量的人力成本，甚至是人力无法胜任的。而对通信层面进行自动监控是最为简单有效的监控方法。现在，常见的网络传输协议只有几种（HTTP、FTP、SMTP、POP3、TELNET等），大部分网络传输协议都是明文传输数据，在"棱镜"计划实施中，美国政府只需在路由器的关键节点部署一些网络监听设备，就可以截取到所有明文传输的信息。美国国家安全局分析员建立新的监控目标的信息会自动发送到审查搜索关键词的主管。主管审查后开始获取信息，获取信息后，由专门的系统处理语音、文字、视频以及地理位置、监控目标的设备特征等"数字网络信息"。美国国家安全局有近七分之一的情报包含了来自"棱镜"计划的数据。

3.1.3 以软件为助手进行智能实时数据分析

在软件方面，棱镜计划以数据库 NoSQL、Hadoop 基础架构、机器学习为助手进行智能的数据分析。首先，数据库 NoSQL 突破传统数据库的弊端，极大地提升了数据存储和访问的需求。它允许数据分析专家针对所有类型的数据创建信息要求，帮助政府快速分析处理数据，在大型的数据方面更能体现出它的优势，极大地缩短了获取数据结构的时间。其次，通过 Hadoop 基础架构，能够对所提取的信息进行分步实施。不同的分析任务被分配给不同的服务器进行分析，每个服务器只负责分析其中的一部分内容，任务结束后又被汇总在一起，这让政府在获取情报时，省时又省力。最后，把机器学习（也称为"认知分析"）程序植入多个数据之中，美国政府就会看到该程序所提供的分析结果，从而减少了大量人力、财力。

3.2 被披露后引起的争议

美国"棱镜"计划在 2013 年 6 月被斯诺登（曾是美国中央情报局技术分析员）披露后，立即在世界范围内引起轩然大波。欧盟和多个国家政府及其民众纷纷表示抗议，要求美国政府做出解释，甚至在法院起诉美国政府。如巴西总统迪尔玛·罗塞夫在第 68 届联合国大会演讲时，公开抨击美国政府现有的监听项目，呼吁联合国制定网络监管规范，防止美国将互联网用作间谍活动的新战场。

面对这些抗议，美国政府极力为自己辩解，辩称该计划已得到相关授权且在美国打击恐怖主义中发挥了巨大的作用，甚至举出了具体的例子加以佐证。美国总统奥巴马就辩称："这一项目不针对美国公民或在美国的人，目的在于反恐和保障美国人安全，而且经过国会授权，并置于美国外国情报监视法庭的监管之下。"

4 结束语

恐怖主义对美国形成严重的威胁且造成巨大的损失，如何更有效打击恐怖主义是历届美国政府，尤其是21世纪以来美国政府都需要考虑的一个重要问题。实践表明，使用高科技手段进行反恐监听和打击能够较好地应对恐怖主义最新的发展动态且取得较好的效果。但对高科技手段的不当使用也会产生严重的不良后果，如“棱镜”计划的实施，引起了美国民众和其他国家政府的强烈不满，给美国政府带来了一次严重的危机。此外，打击恐怖主义的最终目标在于保护美国民众和正常的社会秩序。如果打击恐怖主义本身就严重影响民众正常的生活，就不利于实现政策的最终目标。这些都是奥巴马总统在调整美国的刑事监听政策，包括反恐监听政策，必须得考虑的问题。

思考题

1. 在制定和修改刑事监听政策时，应该如何处理好遵循公共伦理价值和确保政策实施效果两者之间的关系？

2. 列举危机决策的特点和危机决策应遵循的原则，谈谈奥巴马面对这一危机时应如何决策。

3. 我国在实践中大量运用包括监听在内的技术侦查手段，但相关法律法规还很不完善。附录二简单梳理了我国现有刑事监听政策，结合美国刑事监听政策的演变，谈谈对我国完善刑事监听政策的启示。

附录一

美国总统奥巴马
对美国刑事监听政策做出的后续调整

2013 年 8 月 9 日，美国总统奥巴马在白宫召开的记者会上宣布四项措施以调整现有的刑事监听政策：修改《爱国者法案》中关于授权国家安全局电话监控项目的部分；与国会合作调整“外国情报监控法庭”；加强情报监控项目的透明度；组建外部专家小组审核使用情报监控的技术手段。[3]

2014 年 1 月 17 日，美国总统奥巴马在司法部举行新闻发布会，宣布对情报监控项目的改革决定，包括对内监控和对外监控两个方面。

对内监控方面：第一，国家安全局对内电话监听项目开启“转型期”，暂停大规模搜集和存储美国公民电话记录的做法，寻求不由政府来存储这些记录的新方案，并下令司法部长霍尔德和情报部门在 3 月 28 日前拟定和上报新方案细则；第二，提议国会批准组建一个由专业人士组成的小组，参加美国外国情报监控法庭对秘密情报项目的审批过程，以代表民众保护隐私的呼声。

对外监控方面：情报监控必须以合法保护美国国家安全为目的，不能出于非反恐等安全需求而监控外国公众，不能对亲密盟友的领导人实施电子监控。但美国情报机构将继续针对外国政府的情报搜集工作。[4]

2014 年 3 月 25 日，美国总统奥巴马证实，美国计划结束国家安全局大规模搜集美国电话记录的做法，取而代之的做法是，在得到法院允许的情况下察看电信公司掌握的相关数据。[5]

附录二

中国的刑事监听政策

中国目前关于刑事监听的规定体现在不同的法律法规中：

1993 年颁布的《中华人民共和国国家安全法》第 10 条规定：国家安全机关因侦查危害国家安全行为的需要，根据国家有关规定，经过严格的批准手续，可以使用技术侦查措施。

1995 年颁布的《中华人民共和国人民警察法》第 16 条规定：公安机关因侦查犯罪的需要，经过严格的批准手续，可以采取技术侦查措施。

2000 年通过的《电信条例》规定：除因国家安全或者追查刑事犯罪的需要，由公安机关、国家安全机关和人民检察院依照法律规定的程序对电信内容进行检查外，任何组织或者个人不得以任何理由对电信内容进行检查。

2012 年颁布的《中华人民共和国刑事诉讼法》，在第二编第二章中使用一节的篇幅对技术侦查的实施主体、批准和所获得材料的使用等内容进行规定。如第一百四十八条规定：公安机关在立案后，对于危害国家安全犯罪、恐怖活动犯罪、黑社会性质的组织犯罪、重大毒品犯罪或者其他严重危害社会的犯罪案件，根据侦查犯罪的需要，经过严格的批准手续，可以采取技术侦查措施。

法规层面并没有对技术侦查的批准手续做出具体的规定，在实践中主要遵循公安部的规章以及最高检察院出台的司法解释，如《刑事特情工作细则》和《人民检察院刑事诉讼规则》等规定。以公安部《刑事特情工作细则》为例，各类刑事特情的审批权属于公安机关主管领导。具体地说，情报特情和控制特情，报经市、县公安机关刑事侦查部门的负责同志批准；专案特情的批准权与批准立专案侦查的权限相同；在服刑、劳教的犯罪分子中选建刑事特情，报经地、市公安处、局刑侦部门审核，征得司法部门的劳改、劳教单位领导同意，报主管处、局长批准，履行必要的手续；一般境外特情，报请地、市公安处、局长批准，重要的报经省、自治区、直辖市公安厅、局长批准，特别重要的报请公安部批准。凡正式建为境外特情的，由省、自治区、直辖市汇总报公安部备案。[6]

附录三

当前中国面临的恐怖主义威胁简述

20世纪90年代以来，以“东突”为代表的恐怖势力在我国重新活跃起来。他们实施一系列爆炸、暗杀、纵火和投毒等恐怖暴力事件，严重危害了我国各族人民群众的生命财产安全和社会稳定。特别是“东突”恐怖分子制造的“7·5”事件以其空前的惨烈震惊了全国，并告诉我们：恐怖主义所带来的威胁离我们每一个人并不如想象中的那么遥远。又如2013年10月28日，在北京天安门前金水桥边恐怖分子驾车冲撞，导致5人死亡，38人受伤。[7] 仅2013年武警部队就处置暴恐案件和严重暴力犯罪案件105起，捕歼、捕获犯罪分子1728人。[8]

新疆位于我国的西北边陲，地处亚欧大陆腹地，周边与俄罗斯等8个国家接壤，是我国打击恐怖主义的一个主要阵地。新疆是中国面积最大的省级行政区，其面积占中国国土总面积的六分之一，人口约为2298万，地广人稀。同时新疆还是一个多民族聚居的地区，居民主要信奉的宗教多达7个。上述特点都大大提高了新疆反恐维稳的难度。近期发生的暴力恐怖事件告诉我们：恐怖活动的不确定性大大提高了，恐怖分子混迹于平民百姓中，实施恐怖活动时间和地点的规律性不明显。但恐怖活动一旦在事前没能成功阻止，就会对人民群众的生命财产和社会的安全稳定造成严重的损失。

主要参考文献

[1] 余凌云,洪延青. 反恐侦查中的监听权力规制[J]. 中国公共安全,2007(3):104－114.

[2] 康海军. 反恐侦查权与反恐侦查措施研究[J]. 犯罪研究,2008(3):75－80.

[3] 王丰丰,孙浩. 奥巴马为“棱镜门”灭火出新招[EB/OL]. (2013－08－10)[2015－10－10]. http://news. xinhuanet. com/2013－08/10/c_116891884. htm.

[4] 孙浩. 奥巴马宣布对情报监控作小幅调整[EB/OL]. (2014－01－18)[2015－10－10]. http://news. xinhuanet. com/ world/2014－01/18/c_126023778. htm.

[5] 新华国际. 外媒:奥巴马将公布改革计划,叫停大规模监听计划[EB/OL]. (2014－03－27)[2015－10－10]. http://news. xinhuanet. com/word/2014－03/27/c_119962772. htm.

[6] 陈晓辉. 刑事特情适用的若干争议焦点研究[J]. 求实,2010(S2):69－71.

[7] 中国新闻网. 北京警方破获“10·28”暴力恐怖袭击案件[EB/OL]. (2013－10－30)[2015－10－10]. http://www. chinanews. com/gn/ 2013/10－30/5444627. shtml.

[8] 罗铮,邓佑标. 武警2013年处置105起暴恐案和严重暴力犯罪[EB/OL]. (2014－03－06)[2015－10－10]. http://www. chinadaily. com. cn/hdqj/jryw/2014－03－06/content_11347340. html.

汽车限购令该不该继续？*

摘　要：本案例阐述了在中国堵车现象越演越烈的背景下，多地地方政府出台了汽车限购政策。案例对比各地限购政策出台时间和方式差异，描述了国外解决道路拥堵出台的系列限行限购政策，通过小案例描述了限购政策给经济和人们生活带来的影响。汽车限购令到底该不该继续推广，能不能有效解决拥堵问题，值得我们思考。

关键词：公共政策；政府公信；案例研究

1　中国式堵车开始蔓延

国内城市出现单一堵车情况大约在20年前，出现交通堵塞情况大约在15年前，出现大面积交通堵塞大约在12年前。相信很多北京车主对2003年北京那场交通大拥堵记忆犹新，以至于后来网上一篇《堵在北京》的帖子到现在都广为流传。继北京之后，广州、上海、重庆、成都、武汉、杭州等国内一、二线城市都出现过城市大面积交通堵塞情况。伴随着中国汽车产销量的爆炸式增长，以及交通设施和交通管理水平相对滞后，一座座“堵城”就这样拔地而起。

哪里有拥堵，哪里就开始治理，这是相关部门的正常作为。于

---

* 由杨清清编写。

是，多年以来，各种治堵措施便在各个城市开始实施。起初各大城市实施大量的禁左（禁止左转）、禁右（禁止右转）、禁止调头、单行道等交通措施，并不能缓解城市交通堵塞情况；后来，一些城市开始实行限制外地车进城、车牌号拍卖、单双号限行等缓堵措施，事实证明这些措施同样不能缓解城市交通压力；再后来，北京、成都两座大城市又实行了错时上下班制度，从效果来看，成都错时上下班"缓堵"效果仅仅可以维持很短一段时间，而北京错时上下班在实行当天就成了"笑话"。[1]

据公安部统计，截至2014年11月27日，我国机动车驾驶人数量突破3亿大关，其中汽车驾驶人2.44亿人。全国民用机动车保有量达2.64亿辆，其中汽车1.54亿辆。我国驾驶人数量位居世界第一，汽车数量仅次于美国，居第二位。[2]我国许多大城市道路负荷已经接近饱和。面对不断增长的机动车，特别是私家车数量，以及日益拥挤的交通状况，政府正思考着切实可行的解决办法。

2　中国式堵车催生中国式限购

为解决城市交通拥堵问题，缓解交通压力，2010年12月23日，北京正式公布《北京市小客车数量调控暂行规定》（见附录），俗称"限购令"，成为国内首个发布汽车限购令的城市。

限购令看点有二：一是实行总量年度控制；二是将研究制订交通拥堵收费方案。其中要点总结如下：（1）2011年度小客车总量额度指标为24万个（月均2万个），个人占88%。每月26日实行无偿摇号方式分配车辆指标。（2）外地人北京购车需连续5年以上缴纳北京社保和个税的证明；港澳台居民、华侨及外籍人员只需1年居住证明。此外，外地牌照交通高峰时段禁行五环路（含）以内。（3）将研究制订重点拥堵路段或区域交通拥堵收费方案，择机实施。（4）更新指标不需要摇号，直接申请更新指标。

根据限购令出台第二年北京市交通部门4月发布的统计数字，

一季度的交通拥堵指数同比下降 16.6%，一季度工作日平均拥堵持续时间，包括严重拥堵和中度拥堵，共计 1 小时 15 分钟，比去年同期的 2 小时 15 分钟减少了 1 小时。市交通委委员王兆荣认为，“北京缓解拥堵已初见成效”。然而北京市交通委网站正在做的民意调查却显示，有 78.33% 的投票者认为上半年北京市交通拥堵并未缓解，“通过小客车指标调控并采用摇号方式实施机动车总量控制”，仅有不足 8% 的投票者予以肯定，居各项治堵措施之末。

2011 年 7 月 11 日，贵阳市政府突然发布汽车限购令，成为跟进北京汽车限购措施的第一座城市。深圳市自 2014 年 12 月 29 日 18 时起，在全市实行小汽车增量调控管理，成为继北京、上海、广州、贵阳、石家庄、天津和杭州之后，全国第八个汽车限购的城市。[3] 据中汽协估计，未来还有城市会相继实施限购政策。各地汽车限购政策如表 1 所示。

表 1　各地汽车限购政策

城市	时间	方式	限购政策
上海	1994 年	车牌拍卖	1994 年开始，上海首度对新增的客车额度实行拍卖制度，开始对私车牌照实行有底价、不公开拍卖的政策，购车者凭着拍卖中标后获得的额度，可以去车管所为自己购买的车辆上牌。2013 年 12 月上海调整当前车牌拍卖规则，2014 年起试行一次性公布机动车额度年度投放总量和“警示价”措施，同时，实施个人、单位机动车额度分场投标拍卖
北京	2010 年 12 月	总量控制摇号上牌	2010 年 12 月 23 日，北京市正式公布《北京市小客车数量调控暂行规定》。2013 年 11 月 28 日发布通知，规定从 2014 年起到 2017 年的 4 年间，增量小客车年度配置指标由 24 万个减少到 15 万个，将根据个人参加摇号的累计次数设置阶梯中签率，示范应用新能源车中的纯电动车将单独摇号，每两个月摇号一次，确保 2017 年机动车保有量不超过 600 万
贵阳	2011 年 7 月	专段号牌摇号	2011 年 7 月 11 日，《贵阳市小客车号牌管理暂行规定》出台，专段号牌每月指标 2000 辆，无偿摇号上牌。普通号牌没有数量限制，但是不得驶入老城区

（续表）

城市	时间	方式	限购政策
广州	2012 年 7 月	环保 + 摇号 + 竞价	广州在 2012 年 7 月 1 日起正式实施汽车限购，在为期一年的试行期内，全市中小客车增量配额为 12 万辆。在 2013 年 7 月 1 日起正式实施的《广州市中小客车总量调控管理办法》，在原有试行办法的基础上进行了 21 项修改，有效期为 5 年
石家庄	2013 年 6 月	家庭限购第三辆	2013 年 6 月 18 日针对省会机动车保有量猛增的现状，石家庄市提出自 2013 年起限制家庭购买第三辆小客车，自 2014 年市区内实行机动车单、双号限行
天津	2013 年 12 月	无偿摇号 + 有偿竞价	从 2013 年 12 月 16 日零时起，在全市实行小客车增量配额指标管理，增量指标必须通过摇号或竞价方式取得，2014 年 3 月 1 日起按尾号限行
杭州	2014 年 3 月	无偿摇号 + 有偿竞价	从 2014 年 3 月 26 号零时到 2014 年 4 月 25 日 24 时止，全市暂停办理小客车注册、转移及转入本市的变更登记。未来实行摇号和竞拍两种措施获得小客车增量指标
深圳	2014 年 12 月	无偿摇号 + 有偿竞价分配	深圳的汽车限购政策有效期暂定 5 年，其间新车牌以无偿摇号和有偿竞价分配，每年暂定指标 10 万个，按月分配。其中，2 万个指标只针对电动小汽车，采取摇号；8 万个普通小汽车指标，50% 采用摇号，50% 采取竞价。年度指标视交通、大气环境和汽车需求适时调整

3 突发汽车限购令引全城抢购

回想北京限购的前夜，北京大大小小的 4S 店都是灯火通明，消费者的肾上腺素分泌异常，见车就买；经销商通宵达旦不打烊，库存车、展车卖得一辆不剩。原以为这个奇葩的现象只会是特例，没想到这样的场景在之后的广州、天津、杭州、深圳轮番上演。[4]

2012 年 6 月 30 日 21 时，广州突然宣布自 7 月 1 日起限牌，留给老百姓 3 个小时的反应时间。广州开了头，天津有样学样，2013 年 12 月 15 日 19 时宣布，自第二日零时起限牌。杭州在 2014 年 3 月 25 日 19 时宣布，自第二日零时起限牌。在手法上，杭州更加成熟，事前还大放烟幕弹，保证了突袭的成功。相比广州，天津和杭州心肠稍软一些，给老百姓留出5个小时去应对。

深圳将反应时间从以小时计变成了以分钟计，在2014年12月29日下午，小汽车“限购令”突降深圳，多部门组成的“执法队”旋即封锁了部分4S店，禁止汽车交易，同时召开新闻发布会公布“限外”方案。此前，在2014年1月广东省召开的“两会”上，深圳市市长许勤曾承诺，深圳对私家车不限行、不限购。此外，深圳市公安局副局长王国宾曾在2013年11月表示，如果深圳出台限牌限号政策，“一定会广泛听取意见，绝对不会搞突然袭击”。[5]而在2014年3月，杭州市也是在政府多次“辟谣”的情况下突然实施小汽车限购，政府“出尔反尔”招致舆论的广泛批评。

4　国外也有限购限行吗？

其实，限购限行并非中国首创，国外也有限购限行。新加坡早在20世纪70年代就推出限购限行措施，并一直实施到现在，英国伦敦为了缓解中心区的交通拥堵，推出了征收拥堵费的措施，实际上也是一种限行措施，只不过是用经济手段而非行政手段。

新加坡是一个岛国，人多地少。新加坡约有80万辆汽车，其中50万辆为小汽车。为了治理城市交通拥堵，新加坡采取了抑制私人交通、积极发展公共交通的措施。早在1975年就开始实施市区道路收费。为了限制汽车数量的增长，新加坡对车辆实行定额分配制。个人购买新车时，必须向政府提出申请，投标购买一张有效期为10年的“拥车证”。10年期满后，必须支付另外一笔费用。新加坡一张“拥车证”的价格，目前超过6万新币，折合30多万人民币。比一辆中高级轿车的价格还高。与此同时，新加坡政府不断完善立体陆路公共交通网络，鼓励人们舍弃私人交通工具，享用便利而舒适的公共交通工具。

伦敦是一座古城，道路狭窄崎岖。从2003年2月开始，伦敦对工作日7时到18时进入市中心规定区域内的车辆征收每天5英镑（2005年涨为8英镑）的进城拥堵费，收费所得用于投资公共交通设施。[6]

5 汽车限购令改变了什么?

关键词1：难买

“我已经摇10个月了，还是没有摇到号。”眼看着身边的同事不想买车也摇到号了，张先生特别后悔限购前没有听信妻子的话先买辆小车“占个坑”。眼看着快一年时间了，家里两人一起摇号都还是没有任何动静。

为了方便出行，张先生也曾想过购买车牌、以租代购等方式。但到市场转了一圈后发现，就一个车牌的购买费用至少在5万元以上。而以租代购的形式也因为风险太高被家人否决。为此，张先生打算动员快过花甲之年的父母赶紧考驾照，然后参与到摇号的“持久战”中。

和张先生有同样经历的消费者不在少数。数据显示，北京摇号中签率已经上升到1∶151。想通过摇号买车的消费者越来越多，竞争也越来越大。

与此同时，黄金周大优惠、年底冲量大促销的情况也不复存在，经销商不再单纯以降低车价的方式拉拢消费者，售后服务利润、置换购车群体也成为他们关注的重要环节。优惠的下降也提高了消费者的购买门槛。

此外，由于消费者的消费升级，中高档车更加热销，以进口车为主的高端豪华车更是高速增长。据亚市副总经理颜景辉介绍，实施限购后进口车加价频率和范围都有所增加，亚市大约55%的高端进口豪华车都加价，280万的路虎揽胜更是加价70万。供不应求的情况导致豪华车的价格变动很频繁。

关键词2：贱卖

一位长期从事二手车交易的经销商告诉记者，限购对北京的二手车市场造成了致命的打击。限购初期，新政的出台导致很多没有指标的经销商没法收车，原有二手车销售渠道已经行不通，二手车市场一度陷入僵局，当时很多二手车经销商都坚持不下去了。随着二手车交易细节的逐渐明朗，二手车经纪公司逐步建立了新的销售渠道，各大品牌经销商也开始与经纪公司合作开拓新渠道。此外，网上二手车拍卖、交易市场二手车平台等各种平台也逐渐兴起。老旧车置换补贴对二手车交易有一定的促进作用，但只是促进淘汰更新的速度，二手车价格并没有因此提高。现在经销商收车都十分小心，收车时都会压低价格，以便减少风险。有些车价格比限购前减少三分之一，甚至二分之一。

相比上述经销商，亚市副总经理颜景辉似乎乐观一些。他指出，在新政初期，价格下降幅度达到30%，随着经销商的磨合、销售渠道的逐步拓宽，目前整体下降幅度只比新政出台前减少10%~15%。据介绍，限购后，北京市场二手车外迁量从原来的10%增加到55%~60%，受影响比较大的主要还是低端二手车，高端车在市内流通比较多。颜景辉认为，虽然二手车价格有所下降，但是原来北京二手车的价格就比全国平均水平高，限购后只是让北京二手车价格与国内整体市场价格接轨。

由于摇号资源的稀缺，消费者更倾向于购买新车，供需关系的影响直接体现在二手车的价格上。此外，限购导致二手车经销商没有指标，无法收车，大量二手车外迁致使北京二手车在外地的议价能力大幅下降。“收车难、卖车贱”的局面让二手车经销商减少了二手车的收购，并大幅压低收车价格。

关键词3：走高

消费者提高购车预算已经成为北京市场上的普遍现象，很多品牌的低端车型销量大幅下跌。王先生一直有购车计划，他原本打算购买一辆捷达车，因为他觉得这车又便宜又结实，结果还没来得及出手就碰到了限购令，他参加摇号4个月时间了，终于获得了一个指标，王先生深感摇号不易，一家人商量后决定放弃捷达，而换成一辆10万以上的车型以免以后换车麻烦。

这种现象绝对不是个案，一汽－大众海联力通4S店销售总监李志伟介绍，今年消费者提高购车预算的现象很普遍，以前捷达是很受欢迎的一款车型，但今年很少有人愿意买捷达，他店里的捷达车销量还不到去年销量的一半。捷达的价格下降也很厉害，去年最低7.38万元，而今年价格已经降到了6.78万元。东风日产航天正通销售总监宋成江也介绍，今年消费者的预算平均增加了3万左右，很多原本打算购买10万元左右车型的消费者都会增加3万到5万元去购买更高级别的车型。

限购令之后，摇号不易大幅增加了消费者购车难度，众多原本打算购买低端车型的消费者抱着“一次到位”的心态而提升购车预算，购车预算走高成为限购后的主要现象。

关键词4：边缘

今年北京市场上，自主品牌无疑是受影响最大的企业，自主品牌4S店今年销量非常低，记者市场调查发现，很多品牌单月销量仅有20辆到30辆，吉利、比亚迪、奇瑞、长城，甚至走高端路线的上汽荣威和MG都很受影响，在市场上还有多家自主品牌4S店倒闭。

一位不愿透露姓名的自主品牌经销商总经理表示，限购政策的确对自主品牌影响很大，销量下滑很严重，厂家已经不要求经销商的进货量，并且没有固定的销量目标。他表示，的确有很多消费者购车时转向了价格区间稍高的车型。在调查中，一位车主表示，自己曾打算购买一辆比亚迪 F3，但后来因摇号太难，和家人商量后，打算增加预算购买一辆 10 多万元的本田锋范。

关键词 5：洗牌

“一家 4S 店的建店成本动不动就要上千万，如果投资做畅销的汽车品牌，一般 3 至 5 年可以收回成本，投资非畅销品牌的话，收回成本需要 5 年甚至更长时间。”一家 4S 店投资人表示。在北京限购之后，自主品牌的份额直线下滑，今年上半年，就有一批自主品牌 4S 店经不住市场的严酷打击，选择退市，如长城、比亚迪、奇瑞等品牌。这些经销商或直接退网，或者被其他有实力的经销商收购。该投资人表示：“如果现在建一家自主品牌 4S 店的话，可能要 7 年才能收回成本，所以短期内自主品牌的网络在北京不会再增加了。”

不光是 4S 店面临洗牌，大型经销商集团间的并购也在增多。今年 8 月份，正通汽车斥资 55 亿元收购著名经销商集团中汽南方；而在更早以前，中升集团收购了百得利集团 50% 的股份。某经销商集团高管称：“北京有两家经销商集团正在考虑合作，明年经销商集团之间的并购案例还会出现更多。”

关键词 6：乌龙

王先生本打算购置一辆中高级的车辆，无奈当年北京市实施了限购政策，作为外地人的他不能购买第二辆车。不过自己名下还有一辆北京牌照的旧车，在北京市启动老旧机动车淘汰更新活动后，王先生立即把这辆开了 7 年的旧车淘汰了。

按照规定，王先生可以领到 3000 元补贴，但他领钱时却发现，自己的卡上却是 6000 元，整整多了一倍。后来，王先生接到追款电话：“由于工作失误，导致重复发放了旧车淘汰更新的补贴钱款。”

今年8月1日起，北京市政府发布《关于进一步促进本市老旧机动车淘汰更新方案》，其目的意在实现“十二五”期间淘汰40万辆老旧机动车的目标，而同时，淘汰旧车后消费者必然会购买新车，这也就在一定程度上提高了限购后的北京汽车市场的新车销售量。

今年8月1日起，北京市启动老旧机动车淘汰更新工作，并对符合淘汰更新政策标准的车辆进行不同程度的补贴。随着老旧车辆的淘汰更新补贴的不断进行，作为第三方交易平台——北京市环境交易所却在政府补助的发放中摆了一个大“乌龙”，多发补助近700万元，涉及1700多名车主。截至11月中旬，环交所已追回了450多万元。

关键词7：萧条

刘先生去年辞职下海，在汽车配件市场经营音响装饰生意，第一年因为车市火爆，他成功赚到第一桶金。然而好景不长，随着限购令的到来，汽车后市场生意大幅下滑，在经过一番挣扎之后，他不得不选择退出市场。

汽车后市场与汽车销售市场有着密不可分的关系，消费者买车之后往往会选择贴膜、做装饰、购置车内配件，因此车市火爆就会带动汽车后市场的红火。然而限购之后，整个后市场一片萧条，多家商户已经闭门歇业，市场内摊位的空置率达到今年最高。

关键词8：拥堵费

2011年10月份李小姐成功摇到号码，获得购车指标，并于11月份顺利购买一辆两厢轿车。而针对最近甚嚣尘上的“北京市将在三环内开征交通拥堵费”的消息，李小姐认为，作为一名普通公民，摇号购车已提高了她的购车成本，如果再开征拥堵费将极大提高她的用车费用，相关部门在实施决策时应考虑买车人的生活成本。北京市政府出台的“治堵方案”中提出，“研究重点拥堵路段或区域交通拥堵收费，择机实施”。[7]

6 结束语

随着中国进入汽车社会，汽车保有量急剧扩大。清华大学汽车产业与技术战略研究院院长赵福全曾说过，美国进入汽车社会花了一百多年时间，中国仅仅用了十几年就跨入汽车社会。由于发展过快，很多准备都没有做好，带来了一系列矛盾。

中国的城市交通规划，是以公交车加自行车模式设计的，根本没有为私家车预留道路和停车空间。就连深圳这种从小渔村发展起来的新型特大城市，城市规划与汽车社会也严重不适应。在许多大城市车多为患、交通拥堵、空气污染、乱停车等问题越来越突出。而不断新增的汽车更加剧了这一态势。虽然限购限行只治标不治本，但其效果却是立竿见影。无怪乎越来越多的市政当局知道限购限行会挨骂，还是坚决出台限购限行措施。

什么是幸福感？什么是有车生活的幸福感？方便的出行，不用承受拥挤的公交，节假日带着一家人去兜风郊游，带着爱人去寻找甜蜜的角落……于是，拥有一辆车，成为很多家庭的必然选择。然而，这种有车的幸福感在日渐降低，拥堵的城市让驾车出行成为一种折磨。然而城市出现拥挤无序，真的都是汽车消费者的过错吗？汽车限购令是“懒政”还是“无奈”？在这个汽车时代，我们在享受着汽车带给我们便捷的同时，也需要思考，别让拥堵抹杀了我们的幸福。

思考题

1. 你认为汽车购买是否应该限制？你认为限制汽车购买能否真正解决拥堵问题？

2. 如果你认为汽车购买应该限制，那么什么才是限制汽车购买的好政策？是严格发放车贷，限制家庭购买第二辆车？还是提高燃油税，大幅提升停车费？

3. 汽车限购令的出台应有什么配套措施？

4. 你认为交通拥堵的解决应该从使用环节还是购买环节着手？

附录

北京市小客车数量调控暂行规定

第一条　为了落实本市城市总体规划，实现小客车数量合理、有序增长，有效缓解交通拥堵状况，制定本暂行规定。

第二条　本市实施小客车数量调控措施。小客车年度增长数量和配置比例由市交通行政主管部门会同市发展改革、公安交通、环境保护等相关行政主管部门，根据小客车需求状况和道路交通、环境承载能力合理确定，报市人民政府批准后向社会公布。

第三条　小客车配置指标按照公开、公平、公正的原则，以摇号方式无偿分配。市交通行政主管部门的指标调控管理机构负责具体工作。

机关、企业事业单位、社会团体及其他组织（以下统称单位）和个人需要取得本市小客车配置指标的，应当依照本暂行规定到指标调控管理机构办理摇号登记。

第四条　住所地在本市的个人，名下没有本市登记的小客车，持有效的机动车驾驶证，可以办理摇号登记。住所地在本市的个人包括：

（一）本市户籍人员；

（二）驻京部队（含武装警察部队）现役军人；

（三）在京居住的港澳台人员和外国人；

（四）持本市工作居住证的人员；

（五）持本市暂住证且连续五年以上在本市缴纳社会保险和个人所得税的人员。

单位办理登记的条件和登记的内容由市交通行政主管部门会同相关部门规定。

第五条　指标调控管理机构应当向经摇号取得配置指标的单位和个人出具指标证明文件，并公布摇号结果。

个人出售、报废名下登记的小客车的，可以直接取得更新指标，办理指标证明文件。单位出售、报废名下登记小客车的指标管理办法由市交通行政主管部门会同有关部门制定。

第六条　指标有效期为6个月，不得转让。指标有效期内，不得重复办理摇号登记。

单位和个人提供虚假登记信息取得的指标无效，并承担相应法律责任。

第七条　单位和个人办理下列手续时，应当出示指标证明文件：

（一）缴纳车辆购置税；

（二）外地车辆转入本市，办理车辆购置税档案转移；

（三）开具二手车销售发票；

（四）办理车辆赠予公证。

对取得指标的，税务部门核发车辆购置税完税证明或者免税凭证、工商部门验证二手车销售发票、公证机构办理车辆赠予公证时，应当予以注明。单位和个人持上述文件，到本市公安交通管理部门办理车辆登记。

第八条　小客车销售经营单位应当在经营场所明示本市实行指标管理规定的具体内容，并在签订买卖合同时书面提示购车人。

第九条　出租汽车、租赁汽车、教练车等营运小客车的指标分配方式另行规定。

第十条　本暂行规定所称小客车，包括小型、微型载客汽车及市人民政府公布的其他需要实施调控的车型。

第十一条　本暂行规定自公布之日起施行。

主要参考文献

[1] 睢实,钟林.中国式堵车成为制约城市发展的最大障碍[EB/OL].(2011-10-25)[2015-10-10]. http://auto. hexun. com/2011-10-25/134540108. html.

[2] 新华网陕西频道.中国汽车保有量1.54亿辆,居世界第二[EB/OL].(2014-11-28)[2015-10-10]. http://www. sn. xinhuanet. com/2014-11/28/c_1113440596. htm.

[3] 中国经营报.汽车限购令[EB/OL].(2014-12-30)[2015-10-10]. http://news. 163. com/14/1230/17/AENTBJQ 500014SEH. html.

[4] 谢师.汽车限购,成就中国式抢购[N].中国商报汽车导报,2014-5-22.

[5] 韩哲.深圳突发小汽车限购令:比有钱还任性的是有权[N].北京商报,2014-12-30.

[6] 张毅.一锤定音:限购是懒政还是无奈[EB/OL].(2014-12-30)[2015-10-10]. http://auto. qq. com/a/20141230/013704. htm.

[7] 王亚菲,黄菲菲,冷宇,等.限购周年考:北京汽车限购究竟改变了什么[N].京华时报,2011-12-15.

法定假日谁说了算?*

摘　要：本案例描述了2013年10月国务院对法定假日调整的始末，从备选方案的网络调研到最终方案的确立，这一关乎全国人民切身利益的公共政策决策事件备受瞩目，也备受争议。法定假日的决策过程中什么群体、什么价值观更应该被关注？假日的决策到底应该谁说了算？这些都是值得思考的问题。

关键词：法定假日；公共政策；公共价值；案例研究

1　全民吐槽的假日调休引关注

"上3天休3天，上6天休1天，上2天休7天，上5天休1天"。[1] 2012年的中秋节和国庆节频繁地调休，受到了社会各方诟病。有网友甚至发明了背口诀、打手语等方式，来记住调休时间。

新中国成立以来，我国法定节假日经历了从7天到11天的发展过程。按照2007年《全国年节及纪念日放假办法》（国务院第513号令），中国全体公民放假的节日共11天，分别是元旦1天、春节3天、清明节1天、劳动节1天、端午节1天、中秋节1天、国庆节3天。现行放假调休方法是：通过调借双休日，分别形成2

---

* 由杨清清编写，欧朝敏参与了资料的收集和整理。本案例参加了第一届全国MPA教学案例入库评选活动，并成功入选，现已根据本书的要求进行了修改。

个7天长假（春节、国庆节）和5个3天小长假（元旦、清明节、劳动节、端午节、中秋节）。

现行法定节假日安排从2008年运行以来，虽然给人们旅游、购物、探亲等带来许多便利，但也存在集中出行导致交通和景区拥堵，调休造成连续长时间工作和假期安排缺乏规律，供求失衡导致旅游质量下降和价格上涨等问题。因此，人们用“黄金粥”来比喻7天黄金周。13亿中国人只有11天的法定假日，让中国式休假变成了中国式遭罪，堵、挤、怒、烦、怨成了历次黄金周的主题词语。全民吐槽的放假和调休问题引起了全国两会上人大代表和政协委员的高度关注，国务院于2012年国庆黄金周后责成国家发改委、国家法制办进行调查研究，将根据调研结果提交方案上报国务院。

2　网络民调假日该怎么放

2.1　第一次网络征集意见

2013年10月10日，全国假日旅游部际协调会议办公室（简称“全国假日办”）在新浪网、搜狐网、腾讯网、凤凰网、人民网、新华网等网站发布了一份“关于法定节假日放假安排的调查问卷”，面向社会广泛征集意见。网上调查的主要内容是“你对现行放假安排是否满意”“长假是否需要保留”“小长假是否需要调休”等（详见附录二）。通过这样的形式，全国假日办希望民众积极发表自己的意见，使放假安排更加科学合理。[2]

2013年10月11日下午，新浪网的投票网页显示，已有十多万网友参与投票，其中，82.2%的网友“不满意目前的法定节假日放假安排”，投“满意”票的网友仅占12.8%。另外，56.6%的网友认为，调借周末形成的7天长假不应该保留，而认为应该保留7天长假的网友仅有39.1%；至于清明、端午、中秋等小长假是否需要借调周末，同样有58%的网友认为没有必要，认为需要连休3

天的网友只占 36.1%。

全国假日办自 2013 年 10 月 10 日通过网络征集法定节假日放假安排意见以来，公众积极参与，截至 10 月 12 日 17 时，已经有 211 万人填写了调查问卷。[3]

2.2　第二次网络征集意见

2013 年 11 月 27 日凌晨，全国假日办第二次通过网络征集民众对放假方式的意见。此次调查提出 3 个调休方案供网民投票，如表 1 所示。A 方案给出的休息方式是春节调休后放假 7 天，其他 6 个节假日按照正常的公休日来放假，也就是说国庆节休息 3 天，固定假期是 10 月 1 日至 10 月 3 日。其他包括元旦、清明节、劳动节、端午节、中秋节，都将只休息 1 天，而且是哪天放假就哪天休息，不挪动周末拼凑 3 天小长假。而与之相比，C 方案形成了春节 7 天假期，国庆 7 天假期，其他节假日逢周二、周四调整为 3 天小长假。B 方案则将国庆变为 5 天长假，节假日逢周三时不调休，仅在当天放假，逢周二、周四调整为 3 天小长假。

根据各网站收集的投票统计结果来看，支持率最高的是 C 方案，占 53.52%，该方案提出继续保持国庆黄金周 7 天长假；其次是 A 方案，占 28.22%，该方案提出除了春节休息 7 天，其他假期均取消所有调休；支持率最低的 B 方案占 18.26%。投票人群主要集中在 20 岁至 40 岁，职业以来自企事业单位的人群所占比例最大，其次为在政府机关工作的人士。[4]

网络调研完成后，全国假日办要求各网站第一时间汇总调查结果，收集的数据将被委托至中国社科院旅游研究中心进行分析整理，将调查结果送有关部门研究参考。

表1　三种假期调休方案（以2014年为例）

方　案	内　容
A方案	春节放假3天，调借相邻周六、周日形成7天长假 国庆节放假3天，不调休，假期固定为10月1日至3日，逢周末顺延 元旦、清明节、劳动节、端午节、中秋节各放假1天，不调休，仅在当天放假，逢周末时周一补休
B方案	春节放假3天，调借相邻周六、周日形成7天长假 国庆节放假3天，调借相邻周六、周日形成5天长假，假期固定为10月1日至5日 元旦、清明节、劳动节、端午节、中秋节各放假1天，节假日逢周三时不调休，仅在当天放假；逢周二、周四时，调借相邻周六、周日形成3天小长假；逢周六、周日时周一补休
C方案	春节放假3天，调借相邻周六、周日形成7天长假 国庆节放假7天，调借相邻周六、周日形成7天长假，假期固定为10月1日至7日 元旦、清明节、劳动节、端午节、中秋节放假同B方案

3　法定假日调整方案出炉

2013年12月11日晚，国务院办公厅正式发布2014年《全国年节及纪念日放假办法》。除夕不再为法定假日，同时公布了2014年部分节假日安排（见表2）。[5]

表2　2014年全国年节及纪念日放假表

节日	放假安排
元旦	放假1天（1月1日）（周三）
春节	放假7天（农历正月初一、初二、初三、初四、初五、初六、初七）（周五、周六、周日、周一、周二、周三、周四）
清明节	放假3天（4月5日、6日、7日）（周六、周日、周一）
劳动节	放假3天（5月1日、2日、3日）（周四、周五、周六）（5月4日周日上班）
端午节	放假3天（5月31日、6月1日、2日）（周六、周日、周一）
中秋节	放假3天（9月6日、7日、8日）（周六、周日、周一）
国庆节	放假7天（10月1日、2日、3日、4日、5日、6日、7日）（周三、周四、周五、周六、周日、周一、周二）（9月28日周日、10月11日周六上班）

4　除夕不放假再卷波澜

4.1　除夕再度回归工作日

与此前的休假方案相比，新方案最大的不同是除夕不再是法定假日，这也成为民众吐槽焦点。《全国年节及纪念日放假办法》2013年12月11日正式发布后，新浪网随即进行了一项关于“如何看待2014年放假安排”的调查。截至12月12日9时，88.4%的调查者给出的答案出奇一致：反对除夕不再是法定节假日。支持者仅为8.1%。网友们纷纷“哭求除夕放假”。

此前，假日办通过互联网公布的三套备选方案中，C方案获得半数以上支持。但是，C方案对于春节假日的表述为“春节放假3天，调借相邻周六、周日形成7天长假”。除夕是否放假并不在调查之列。所以，尽管新方案最接近最受欢迎的C方案，但是额外的变动还是让不少人感到意外。

其实，关于除夕是否放假之争由来已久。早在 2007 年 2 月，这一呼声就曾掀起过小高潮，数十家媒体组成联盟呼吁除夕放假。在 2007 年初新浪网发起的网络调查中，98.8% 的调查对象认为除夕应该放假。在 2007 年 12 月，修改版的《全国年节及纪念日放假办法》出炉，除夕正式纳入法定假日。而在 6 年后，除夕再度回归工作日。[6]

4.2 除夕已是“隐性福利”？

除夕为什么不放假了？此次参与调研的清华大学假日制度改革课题组负责人蔡继明表示：“经过调研发现，很多地区的企事业单位原本在农历除夕约定俗成地放一天假，而且并不安排工作，从除夕开始放假让很多员工觉得浪费了一天假期。”也就是说，除夕不放假的本意，是想给公众多放假一天的“隐性福利”。由此可以看出，这次假日的调整虽然没有明确延长假期，却有隐性延长的意味。只不过，并非所有人都能享受到这种“福利”。[7]

4.3 除夕请假不同于“放假”

对于除夕不放假的安排，很多人提出了异议。一位在外工作的网民抱怨说：“过年过的是团聚，如果大年三十晚上才准备回家，到家还叫过年吗？”另一位网民则表示：“除夕是过年的重要开始，是举家团聚的日子。这一天要准备年夜饭，这一天会特别忙，除夕不放假略显不近人情。”

有人提出，就算除夕不放假，也可以通过请假、调休方式自由安排，但更多人表达了不同意见：“请假与常假是两码事，请假是局部，常假是整体。目前的人口流动如此之大，安排一定的常假是保障家人和亲人互叙的一种方式。”

4.4 为何基于方案 C 微调？

此前国家假日办发布 A、B、C 三套休假方案征求意见，但是，这三套方案均提出春节放假 3 天，但均未提及这 3 天法定假日从除夕开始还是从初一开始。最后确定的假日方案更贴近方案 C。

但是，又为何基于方案 C 进行了调整？中国社会科学院旅游研究中心特约研究员刘思敏认为，此次出台的假日调整方案，是在现有条件下最好的一个选择：“理性的安排，结果接近最佳，这是对民意的尊重，也体现了民主和科学决策相结合。”而刘思敏所说的民意是，在假日总数没有增加的情况下，保留春节、“十一”长假则成了最受公众追捧的方案。同时，他表示，网络调查并非最科学的方式，但是却是最接近民意的方式，“如果照搬方案 C 的话是不严肃的，因此我们才看到现在公布的方案是基于方案 C 的微调方案”[8]。

5 法定假日调整结果把假日办推向风口浪尖

随着 2014 年放假安排的颁布，全国假日办被推到风口浪尖，而针对假日办的指责与批评比以往来得更加猛烈：“假日办到底是个什么办？它有几个人办公？它到底都干了些什么？世界上还有哪些国家有这么个机构？为何取消除夕假期，假日办就是这样的朝三暮四么？除夕要给假日办打电话，看他们到底上没上班？……”在除夕这天的工作时间里，全国假日办公布的咨询电话始终被忙音所占据，只有凌晨的时候，全国假日办 24 小时值班电话才得以畅通。[9]

5.1 全国假日办到底是个什么办？

全国假日办的全称是全国假日旅游部际协调会议办公室。办公地点设在国家旅游局。这个机构成立的时间并不长，诞生于 2000 年 6 月。1999 年，黄金周首次出现，第二年，为了应对黄金周期间的协调组织工作，由国务院牵头，成立了由 14 个部门组成的全国假日旅游部际协调会议机制，包括：发改委、公安部、交通部、商务部等三分之一的国务院部委，以及工商总局、广电总局、税务总局等国务院直属机构。2003 年，组成部门增至 17 个。此后，省级和旅游城市也成立了相应机构，主要负责黄金周期间的指挥协调、信息发布、预警预报、投诉受理等。而假日办就是此部际会议的一个联络处，并不是专门的机构，没有固定的工作人员，不占任何多余的行政编制。[10]

全国假日办级别很低，算不上议事机构，只能算是一个工作方式，一个协调制度。“其实像假日办这样的协调机制在国内很常见，比如当年应对甲流的联防联控机制，和假日办其实是一个性质的机制，这种机制没有任何额外的工作人员，完全是现有的部门指定相关的责任人，来参与联防联控机制。但假日办相对更稳定，不排除会有个别的专门工作人员，但即使有，也一定很少。”清华大学公共管理学院院长薛澜解释说：“公众法定假日的制定其实和假日办是没关系的，实际上是在国务院层面来进行决策。”从某种程度上来说，“全国假日办更像一个新闻发言人”。

5.2　为什么别的国家或地区没有假日办？

在对全国假日办的质疑声浪中，有个问题很让人瞩目：“除了我们，还有别的国家或地区有假日办么?”

新加坡，多种族文化的代表，国内各民族按照自己的历法有着不同的节日与风俗，新加坡政府将它们重新整理制定出了新加坡的“法定节假日”，每年 11 天。新加坡的公共假期都是法律规定的，没有像“假日办”这样的机构来管理。每年的法定节假日时间由人力部统一公布，比如说如果有假期和周末相重叠的时候，新加城的人力部要负责宣布下周一的时候补休一天。但政府不存在移假凑假的行为，想要小长假，只和个人调休有关，与政府无关。

而在香港，下一年节假日的安排是由香港政府提前好几个月通过政府发言人对外宣布的，从总数上来说，香港每年的公众假期比内地多 6 天，共计 17 天，但和新加坡一样，政府并不采用调假的方式，因此，香港人的假期往往是多而短。目前已在香港工作的内地女孩刘艳就表示，来到香港后确实感到放假机会要比以前在内地频繁了很多，但如果想要长休几天，就需要提前请年假。

5.3 为什么我们需要有一个假日办呢?

对于“为什么我们需要有一个假日办”这个问题，很多专家学者都表示了自己的看法。清华大学公共管理学院院长薛澜解释认为:“类似新加坡、香港等国家或地区，基本上已经进入到比较成熟的发展期，假期已经完全制度化，包括旅游业等各方面服务运行有序。而我们的假日办本身并不是决策机构，但它会为决策机构提供一个协商的平台，让决策机构在协调机制的咨询商议的基础之上做出更合理的决定。”而今年全国假日办开展的两次面向全社会的网络调查，更是获得了旅游学者刘思敏的高度肯定:“在此之前，几乎所有的公共政策的制定，都是由官方主导乃至直接制定的，人大、政协参与的程度也不是很深，特别是假日制度的改革。不可能所有的公共决策都要让全民来公决，通过网络调查进行民意探测并在此基础上进行科学决策，是值得其他政策制定机关思考和借鉴的，也将成为我国公共决策的一种新模式。”“当将来我们国家在节假日放假时间安排已经比较明白，在节假日应对方面的规律已经比较清楚了，我们各种服务部门也都知道自己假日期间应采取哪些措施的时候，假日办这个联席制度就可以取消了。”薛澜认为。[11]

但是也有专家提出了不同的看法。例如清华大学政治学研究中心主任、假日改革课题组负责人蔡继明表示:“从全国假日办的办公地点和成员构成可以看出，放假还是从旅游角度考虑的，带有强烈的功利主义色彩。”原中国旅游学院旅游科学研究所所长王兴斌则称将假日办称为“全国假日救火办公室”，所有问题的解决都是临时性的，“十多年来，假日办没有真正解决什么问题，假日安排也不征求业内外意见，其实是形式主义的典型代表”。

5.4 全国假日办撤销

2014年9月15日，就在“十一”黄金周到来之际，中国政府网发布消息，负责安排全国假期的全国假日办撤销，其全部职能并入新设机构国务院旅游工作部际联席会议制度之中。全国假日办，作为一度“决定”世界上最多人如何放假的机构，终于画上了句号。

新组建的国务院旅游工作部际联席会议，由分管旅游的国务院副总理汪洋担任召集人。副召集人由国务院副秘书长毕井泉等5人“团队组成”。成员单位包括国务院的28个部门，其中既有与旅游产业直接相关的部门，如交通运输部、铁路局，也有旅游产业“支撑”部门，如文化部、食药监总局等。除农业部由党组成员担任联席会议成员之外，其他成员单位的联席会议成员，均由副部长（副局长、副主任）担任。

国务院旅游工作部际联席会议的职能包括五大项：对全国旅游工作进行宏观指导，提出促进旅游业改革发展的方针政策，协调解决旅游业改革发展中的重大问题等。对比此前的全国假日旅游部际协调会议，不仅仅是名称中的“协调”变为“联席”，不论是召集人，还是成员单位，国务院旅游工作部际联席会议的规格更高。

6 结束语

超过八成的民众一致表示对法定假日的安排不满意。“十一”长假，故宫、九寨沟等全国重点旅游景区普遍出现爆堵和滞留等危情，抛开旅游管理等原因，显然，正走向全面建成小康社会之路上的中国，在“怎么放假”这个问题上，也出了问题。法定假日的调整考验政府的公共服务能力，假期的安排需要科学、人性化决策。[12]我们期待有一天能够通过法定假日和带薪休假的自主性和选择性，使我们重视家庭、孝老爱幼、举家出游的传统习俗长期存在。怎么放假是一个看得见、摸得着的标尺。

思考题

1. 法定假日到底该有多少？该怎么放？

2. 全国假日办的撤销释放了什么样的信息？

3. 政府在法定假日的制定过程中，如何更好地体现民意，取得更高的满意度？

4. 你认为在法定假日这一公共政策的制定过程中应该追求哪些基本的价值？

5. 在法定假日的制定和执行中，你认为相关的利益群体包括哪些？他们各自的利益和追求是什么？

附录一

我国休假变迁史：从一周休1天到一年休115天

1949—1994年　每周只休礼拜天

1949年至改革开放初期，中国实行一周6天工作制，每周礼拜天休息。法定节假只有元旦和“五一”放假1天，春节放假3天，国庆放假2天等全体公民假期。

1995—1999年　从大礼拜到双休日

1994年3月1日，国家开始试行“1+2”休假制度，每逢大礼拜休息两天，而小礼拜就只休息一天。

1995年5月1日，完全意义上的双休日工作制正式实施。

1999—2007年　一年三个黄金周

1997年东南亚金融危机。为了刺激消费，拉动国内经济，促进国内旅游，1999年，国务院决定将春节、“五一”、“十一”的休息时间与前后的双休日拼接，形成7天长假。2000年6月正式确立黄金周假日制度。

黄金周迅速推动了我国旅游市场和经济发展。第一个“十一”黄金周全国出游人数达到2800万人次。到2005年“十一”黄金周全国共接待旅游者突破1亿人次。但由于节假日过于集中，致使黄金周人员流动数量庞大，交通拥挤，旅游安全隐患增大。不断有专家呼吁取消黄金周。

2006年，以蔡继明为负责人的清华大学假日制度改革课题组认为，黄金周制度该“功成身退”了。2007年两会期间蔡继明再次提案呼吁取消“五一”“十一”黄金周。

2008 年至今 增加传统节日和小长假

2007 年 12 月,国务院决定,从 2008 年起取消“五一”黄金周,改为 3 天短假期,相应增加清明、端午、中秋 3 个传统节日,通过拼接双休日,形成 3 天小长假。调整后,我国法定节假日和周末休息日达到 115.3 天。

但实行小长假后,常出现休息 3 天后连续工作七八天、一个月休息和工作时间脱节等情形,关于取消小长假的呼声渐渐高涨。[13]

附录二

全国假日办第一次调研
“关于法定节假日放假安排的调查问卷”

1. 您对现行的法定节假日放假安排是否满意？(单选)

A. 满意　　B. 不满意　　C. 无所谓

2. 您认为借调周末形成的7天长假应不应该保留？(单选)

A. 应该　　B. 不应该　　C. 无所谓

3. 你认为有无必要将1天的节日借调周末形成3天小长假？(单选)

A. 有必要　　B. 没必要　　C. 无所谓

4. 您的年龄（单选）

A. 20岁以下　　B. 20~40岁

C. 40~60岁　　D. 60岁以上

5. 您的职业是：

A. 政府机关　　B. 企事业单位

C. 学生　　D. 工商个体

E. 离退休　　F. 农民

G. 无业　　H. 其他

主要参考文献

[1] 曹婷.中国式休假何时不再“假休”[EB/OL].(2013-10-08)[2015-10-10].http://news.xinhuanet.com/politics/2013-10/08/c_117615522.htm.

[2] 中央政府门户网站.全国假日办征集法定节假日安排意见[EB/OL].(2013-10-11)[2015-10-10].http://www.gov.cn/gzdt/2013-10/11/content_2504083.htm.

[3] 李金磊.全国假日办:211万人参与法定节假日放假安排调查[EB/OL].(2013-10-13)[2015-10-10].http://www.chinanews.com/gn/2013/10-13/5372967.shtml.

[4] 郭超.全国假日办发布“法定节假日调休安排调查”第二次通过网络征集民众对放假方式的意见[N].新京报,2013-11-27.

[5] 中央政府门户网站.国务院办公厅关于2014年部分节假日安排的通知[EB/OL].(2013-12-11)[2015-10-10].http://www.gov.cn/zwgk/2013-12/11/content_2546204.htm.

[6] 叶健.2014年假日安排引热议,“除夕是隐性福利”被吐槽[EB/OL].(2013-12-12)[2015-10-10].http://www.chinanews.com/sh/2013/12-12/5613632.shtml.

[7] 张璐.除夕实际上是隐性福利?专家揭除夕不放假内幕[N].北京晨报,2013-12-12.

[8] 吴婷婷.专家谈假日安排:若照搬民调方案C不严肃[N].北京晨报,2013-12-12.

[9] 王思思,李松.网友除夕查岗假日办:打个电话看你上班没[N].法制晚报,2014-1-31.

[10] 天府早报.假日办,到底是个什么“办”?[EB/OL].(2013-11-28)[2015-10-10].http://news.163.com/13/1128/06/9EOE3HOE00014Q4P.html.

[11] 新浪新闻中心.增加法定假,假日办说了不算[EB/OL](2013-12-16)[2015-10-10].http://news.sina.com.cn/newobserv/xgcjrb/.

[12] 杨禹.央视评论:“怎么放假”考验“小康中国”[EB/OL].(2013-10-04)[2015-10-10].http://news.cntv.cn/2013/10/04/ARTI1380889550450448.shtml.

[13] 张晟.我国休假变迁史:从一周休一天到一年休115天[N].长江日报,2013-10-12.

一张名片引发的千万税款*

——全球化的中国税收之痛

摘　要：在全球化背景下，跨国公司不合理避税的手段更加隐蔽，涉及金额急剧上升，这严重损害了国家的税收主权。本案例描述了某市国税局负责国际税收管理的工作人员，如何从该市D公司财务负责人名片的一处细微变化入手，抽茧剥丝，逐步揭开了一起涉嫌3亿多元交易的税案。通过案例分析，引导学生更好地理解税收原则及其之间的关系、税收原则的演变、国际避税的手段、反避税的依据、反避税中企业权利的维护和对中国以后反避税的启示等内容。

关键词：反避税调查；交易价格调整；全球化；中国税收之痛；税收原则

1　起因

某市国税局负责国际税收管理的工作人员在一次为企业办理日常对外付汇业务中，发现D公司财务负责人的名片上有一家境外上市公司。该工作人员敏锐地觉察到其中可能存在涉税问题，在初步了解情况后立即向上级汇报，上级机关经过研究后同意立案调查。

---

* 由张海、冯笑杰、田野、聂三军编写，本案例参加了湖南省第一届MPA案例大赛，已根据本书的要求进行修改。

2 案件处理

2.1 分析情报，还原交易

E 公司在开曼群岛注册，在香港联交所上市。2012 年某月 E 公司发布公告称，其 100% 控股的 F 公司与卖方 A 公司签订协议，F 公司向 A 公司支付 2.9 亿元人民币，向 A 公司收购其全资子公司——B 公司的 100% 股权。由于 B 公司通过 C 公司 100% 控股境内 D 公司的股权，交易完成后导致境内 D 公司成为境外 E 公司的全资附属公司。股权转让过程如图 1 所示。

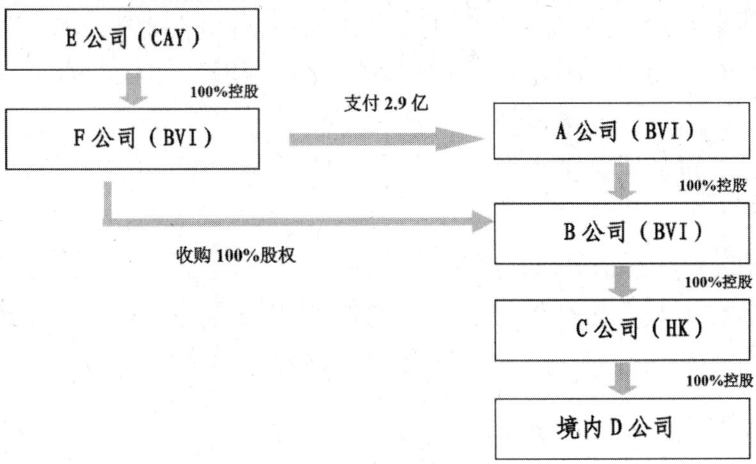

图 1 股权转让过程图

CAY：开曼群岛 BVI：英属维尔京 HK：香港

交易完成后股权结构，如图 2 所示。

2.2 深入搜集，掌握主动

针对该非居民企业间接转让股权的税收风险，税务机关“双管齐下”开展情报收集和风险应对工作：对外，运用互联网继续

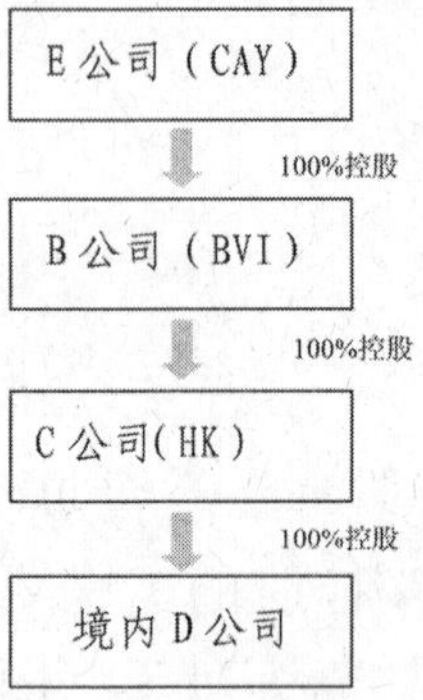

图2 股权结构图

收集境外上市公司股权交易的相关公告、新闻报道和招股说明书等公开资料；对内，运用CTAIS2.0、数据情报平台等工具深入研究该被控股企业的基础财务数据、生产经营情况，评估被转让企业的公允价值；同时，要求境外纳税人提供股权转让协议、资产评估报告、交易双方公开披露事项等涉税资料。

通过深度研读上市公司公告，剖析该集团复杂的组织架构，该市国税机关工作人员逐步还原了此次发生在境外的股权交易的实质。经过两个多月的调查取证，该局认为，转让方在避税港设立的境外控股公司为无实质经营活动的特殊目的公司，该笔股权转让的标的实质为该市的居民企业，我国对该股权转让收益拥有征税权。

2.3 充分沟通，辨明事实

根据掌握的证据，税务机关与企业展开多轮沟通谈判。双方就注册在避税港的中间公司实质、关联关系、股权交易的合理价格，以及纳税人、扣缴义务人、被转让企业三者的权利和义务都一一予以确认。税企双方达成以下四点共识：

2.3.1 不适用特殊性税务处理

根据《关于企业重组业务企业所得税处理若干问题的通知》（财税［2009］59号），如转让时点为2008年1月1日后，允许特殊性税务处理的条件为：

（1）非居民企业向其100%直接控股的另一非居民企业转让其拥有的居民企业股权，没有因此造成以后该项股权转让所得预提税负担变化，且转让方非居民企业向主管税务机关书面承诺在3年（含3年）内不转让其拥有受让方非居民企业的股权；非居民企业向与其具有100%直接控股关系的居民企业转让其拥有的另一居民企业股权；居民企业以其拥有的资产或股权向其100%直接控股的非居民企业进行投资。

（2）合理商业目的，且不以减少、免除或者推迟缴纳税款为主要目的。

（3）企业重组后的连续12个月内不改变重组资产原来的实质性经营活动。

（4）收购企业购买的股权不低于被收购企业全部股权的75%，且收购企业在该股权收购发生时股权支付金额不低于其交易支付总额的85%。

（5）取得股权支付原主要股东重组后连续12个月内不得转让取得的股权。

从本案来看，股权转让为现金支付，不符合“收购企业在该股权收购发生时股权支付金额不低于其交易支付总额的85%”的条件。

2.3.2 穿透中间公司

根据调查证据，证明境外B、C公司分别注册在BVI和HK，除控股该市D公司外，无其他实质性经营活动，属于特殊目的公司。A公司间接转让中国居民企业D公司，实质上规避了我国的企业所得税税收管辖，应按照经济实质对该股权转让交易重新定性，否定被用作税收安排的境外控股公司B公司和C公司的存在。

2.3.3 确认关联关系

股权转让方A公司和E公司最终受控于同一自然人，符合

《特别纳税调整实施办法》中关联关系认定的第一款：“一方直接或者间接持有另一方的股份总和达到25%以上，或者双方直接或间接同为第三方所持有的股份达到25%以上。”据此确认股权转让双方构成关联关系。

2.3.4 转让价格偏低

对股权交易的价格进行了评估后认为，股权交易价格偏低，没有完全反映被转让企业的价值。转让双方境外A公司、F公司存在关联关系，因此税务机关有权依法对此次不合理的股权交易价格进行调整，应参考市场公允价重新确定股权的转让价格。

3 调整价格

3.1 确定方法

非居民企业向其关联方转让中国居民企业股权，其转让价格不符合独立交易原则而减少应纳税所得额的，税务机关有权按照合理方法进行调整。所谓合理方法，包括可比非受控价格法、企业价值评估法、其他符合独立交易原则的方法。其中，企业价值评估法是最常用的方法，具体包括成本法和收益法。

成本法是指在合理评估企业各项资产价值和负债的基础上确定评估对象价值的评估思路。收益法是指通过将被评估企业预期收益资本化或折现，以确定评估对象价值的评估方法。

综合考虑D公司价值类型、资料收集情况等相关条件，并分析了几种方法的适用性，确定对其采用收益法评估，评估基准日定为2011年11月30日。

3.2 评估思路

本次收益法评估股东全部权益价值的总体思路为采用直接法，即先估算被评估企业的权益自由现金流的价值，再加上单独评估的非经营性资产、溢余资产评估值总额，扣除非经营负债，即得到被评估企业的股东全部权益价值的评估值。

3.3 评估方法

运用收益法时采用目前应用最广泛、理论上最健全的自由现金流量模型。

3.4 评估结论

D公司的股东全部权益价值按收益法评估所得的市场价值为31,232.45万元,比企业的交易价格2.9亿元增值2232.45万元，增值率为7.7%。

4 处理结果

经充分协商，税企双方就2.03亿元的转让收益达成一致，应纳企业所得税为2036.07万元，税款已经按时入库。

思考题

1. 在设计和制定税收政策时，应该主要考虑哪些因素？
2. 全球化给中国税收带来什么影响？
3. 企业可以采用哪些方法来降低自己承担的税收负担？
4. 税收机关为什么应该且能够开展反避税行动？
5. 企业在面临反避税调查时应该怎样维护自己的合法权益？

附录一

交易价格调整的方式和方法

1.1 确定方法

非居民企业向其关联方转让中国居民企业股权，其转让价格不符合独立交易原则而减少应纳税所得额的，税务机关有权按照合理方法进行调整。所谓合理方法，包括可比非受控价格法、企业价值评估法、其他符合独立交易原则的方法。

企业价值评估法是指以企业的评估价值为基础计算目标企业股权的独立交易价格，具体包括成本法和收益法。

成本法是指在合理评估企业各项资产价值和负债的基础上确定评估对象价值的评估思路。该方法运用的实质是通过对账面价值的调整来得到企业股权的现时市场价值，因此如果企业账面存在专利、商标等显著无形资产，或存在账面不反映的营销渠道、自创商誉等重要无形资产，则很难使用成本法进行股权价值评估。

收益法是指通过将被评估企业预期收益资本化或折现，以确定评估对象价值的评估方法。如果能够对企业未来收益进行合理预测，同时能够对企业未来收益的风险程度相对应的折现率进行合理估算，则更适宜用收益法进行评估。

综合考虑D公司价值类型、资料收集情况等相关条件，并分析了几种方法的适用性，确定对其采用收益法评估，评估基准日定为2011年11月30日。

1.2 评估思路

本次收益法评估股东全部权益价值的总体思路为采用直接法，即先估算被评估企业自由现金流的价值，再加上单独评估的非经营性资产、溢余资产评估值总额，扣除非经营负债，即得到被评估企业的股东全部权益价值的评估值。具体评估过程如下：

(1) 对D公司历史经营成果、当时行业政策、市场竞争情况、环境等因素和经营、管理、成本等内部条件进行分析；

(2) 对D公司的全部资产及负债进行分析，重点分析资产的匹配、利用情况，调整非经营性资产、负债和溢余资产及其相关的收入、支出，调整偶然性收入和支出；

(3) 对该行业未来时期的宏观经济政策、市场竞争、企业优劣势进行分析；

(4) 对D公司未来的纯收益进行预测和分析复核，必要时做出调整；

(5) 在上述分析的基础上，确定企业未来各预测期的合理预期收益；

(6) 综合D公司评估基准日的资产负债状况，对企业做出的与其未来收入相匹配的运营资金的增减变动，以及固定资产追加或更新的资本支出之预测加以分析复核，对其收益预测范围内的在建项目之后续支出加以复核，必要时做出调整，并对其未来有息负债的增减额做出分析调整；

(7) 在综合分析评估基准日的利率水平、D公司评估基准日的其他风险因素的基础上，运用加权平均资本成本和资本资产定价模型，估算该行业以及与企业以此为收益相匹配的折现率；

(8) 将企业各期收益折现到评估基准日并累加求和，扣除预测范围内在建项目未来追回的固定资产及流动资金投资，加上折旧及摊销，减去营运资金增加额，加上有息负债的增加额之现值后，确定被评估单位截至评估基准日之权益自由现金流价值；

(9) 对企业非经营性资产、溢余资产及其相关负债单独进行评估；

(10) 估算D公司的股东全部权益价值。

1.3 评估假设

1.3.1 一般假设和限制条件

(1) 本次评估以本资产评估报告所列明的特定评估目的为前提;

(2) 本次评估的各项资产均以评估基准日的实际存量为前提,有关资产的现行市价以评估基准日的国内有效价格为依据;

(3) 被评估企业的资产在评估基准日后不改变用途并仍持续使用;

(4) 被评估企业所在的行业、地区及中国社会政治、法律、经济环境不发生重大不可预测之变化;

(5) 本次评估假设被评估单位提供的基础资料和财务资料真实、准确、完整;

(6) 有关货币政策、财政税收政策和政策性收费等不发生重大不可预测变化,不考虑通货膨胀或收缩因素的影响;

(7) 本次评估未考虑将来可能承担的抵押担保事宜,以及特殊的交易方可能追加付出的价格等对其评估价值的影响,也未考虑国家宏观经济政策发生变化以及遇有自然力和其他不可抗力对资产价格的影响;

(8) 无其他不可抗拒因素和不可预见因素的影响。

1.3.2 特殊假设和限制条件

(1) 国家现行的宏观经济政策不发生重大变化;

(2) 假设被评估企业在未来银行借款还款期限内能筹集到按计划偿还项目借款所需的资金,必要时集团提供必要的资金支持;

(3) 上网电价按江苏省物价局规定执行,在项目期限内不变化,优惠含税电价为 0.646 元/度;

(4) 被评估企业享受的政府给予的垃圾处理费补贴 78 元/吨不变,该市垃圾供应能力能达到企业生产能力,并于 2014 年达到日供应垃圾1200吨；

（5）依法享受税收优惠政策，2012年至2014年享受所得税减半征收，增值税即征即退；

（6）垃圾符合一般质量要求，假设吨垃圾发电285度，吨垃圾供热1.15吨；

（7）2011年11月和2012年1月至2月以供热为主，2012年3月后以发电为主，在第二机组建成投产前，假设优先保证第一发电机组正常发电，余下垃圾量用于对外供热；

（8）垃圾供应量假设2012年为35万吨，2013年为40万吨，2014年以后达到设计规模，年供应垃圾量为43.2万吨；

（9）第二台发电机组假设于2013年初开始扩建，于2013年7月投产；

（10）被评估企业评估基准日后的经营管理层是负责且有能力担当其职务和履行其职责；

（11）被评估企业于评估基准日后完全遵守现行所有有关的法律法规；

（12）被评估企业评估基准日后所采用的会计政策和评估基准日所采用的会计政策在所有重要方面基本一致；

（13）被评估企业于评估基准日后管理、技术团队基本保持现有的经营方针政策，并将执行现行既定的重大决策；

（14）在可预见时间内，未考虑公司经营可能发生的非经常性损益，包括但不局限于以下项目：处置固定资产、在建工程、无形资产产生的损益以及其他营业外收入、支出。当前述条件发生变化时，评估结果一般会失效。

1.4 评估方法

1.4.1 计算公式

运用收益法时采用目前应用最广泛、理论上最健全的自由现金流量模型，基本公式为：

股东全部权益价值 = 企业自由现金流量折现值 + 溢余资产价值 + 非经营性资产价值 - 非经营性负债价值

其中，企业自由现金流量折现值按以下公式确定：

企业自由现金流量折现值 = 明确的预测期期间的现金流量现值 + 明确的预测期之后的现金流量（终值）现值

1.4.2 评估过程

（1）收益期和预测期的确定。根据D公司当前的经营状况、竞争环境及市场供需情况，将2010年12月至2015年作为本次评估的预测期，2015年后企业业务稳定，经营正常，收益期按永续确定。

（2）企业自由现金流量的确定。本次评估采用自由现金流量的计算公式如下（预测期内每年）：

自由现金流量 = 息后税前利润 ×（1 - 所得税率）+ 折旧及摊销 - 资本性支出 - 营运资金追加额

（3）终值的确定。收益期按永续确定，终值公式为：

$P_n = R_{n+1}$ × 终值折现系数（R_{n+1} 按预测末年现金流调整确定）

（4）折现率的确定。按照收益额与折现率口径一致的原则，本次评估收益额口径为企业自由现金流量，则折现率选取加权平均资本成本（WACC），公式为：

$$WACC = \frac{Ke \times E}{D + E} + \frac{Kd \times D \times (1 - T)}{D + E}$$

Ke 为权益资本成本，Kd 为债务资本成本，D/E 为根据市场价值估计的被估企业的目标债务与股权比率。

$$Ke = Rf + \beta \times RPm + Rc$$

Rf = 无风险报酬率，β = 企业风险系数，RPm = 市场风险溢价，Rc = 企业特定风险调整系数。

（5）溢余资产价值的确定。溢余资产是指与企业收益无直接关系的，超过企业经营所需的多余资产，本次主要采用成本法评估。

(6) 非经营性资产价值和非经营性负债价值的确定。非经营性资产和非经营性负债是指与企业收益无直接关系的，不直接产生经济效益的资产和负债，本次主要采用成本法评估。

1.4.3 计算过程

根据上述各项预测，则未来各年度企业自由现金流量预测见表1。

表1 未来现金流量预测表（单位：元）

		2011年12月	2012年	2013年	2014年	2015年	永续
一	垃圾量	24,800.00	350,000.00	400,000.00	432,000.00	432,000.00	432,000.00
二	收入小计	6,802,247.39	80,696,598.02	89,677,678.34	99,219,586.75	99,219,586.75	99,219,586.75
1	销售收入	4,435,743.36	47,273,621.56	52,735,476.93	57,376,726.15	57,376,726.15	57,376,726.15
2	补贴收入	2,366,504.03	33,422,976.46	36,942,201.41	41,842,860.60	41,842,860.60	41,842,860.60
三	销售成本小计	2,954,864.49	27,214,661.84	28,898,856.86	29,653,574.19	30,071,054.19	30,071,054.19
1	直接材料	126,480.00	1,785,000.00	2,040,000.00	2,203,200.00	2,203,200.00	2,203,200.00
2	直接人工	850,000.00	6,850,000.00	7,100,000.00	7,455,000.00	7,827,750.00	7,827,750.00
3	制造费用	1,978,384.49	18,579,661.84	19,758,856.86	19,995,374.19	20,040,104.19	20,040,104.19
四	费用小计	1,916,540.85	18,486,168.31	17,399,460.84	16,438,144.87	14,590,444.87	13,501,644.87
1	销售税金及附加	51,852.48	734,757.18	689,064.17	977,623.27	977,623.27	977,623.27
2	管理费用	1,298,021.70	11,086,611.14	11,768,796.67	12,374,921.60	12,524,021.60	12,524,021.60
3	财务费用	566,666.67	6,664,800.00	4,941,600.00	3,085,600.00	1,088,800.00	0.00
五	利润总额	1,930,842.05	34,995,767.87	43,379,360.64	53,127,867.69	54,558,087.69	55,646,887.69
六	所得税	0.00	4,549,449.82	5,639,316.88	6,906,622.80	14,185,102.80	14,185,102.80
七	净利润	1,930,842.05	30,446,318.05	37,740,043.75	46,221,244.89	40,372,984.89	41,461,784.89
八	资本性支出	0.00	5,000,000.00	15,000,000.00	4,000,000.00	4,000,000.00	4,000,000.00
九	偿还借款本金	1,690,000.00	21,540,000.00	23,200,000.00	24,960,000.00	13,610,000.00	0.00
十	折旧费和摊销	1,058,396.26	12,700,755.12	13,334,950.14	13,334,950.14	13,334,950.14	13,334,950.14
十一	净现金流量	1,299,238.31	16,607,073.17	12,874,993.89	30,596,195.03	36,097,935.03	50,796,735.03

折现率的确定：

按照收益额与折现率口径一致的原则，本次评估收益额口径为企业自由现金流量，则折现率选取加权平均资本成本（WACC）。公式：

$$WACC=\frac{Ke\times E}{D+E}+\frac{Kd\times D\times(1-T)}{D+E}$$

（1）权益资本成本 Ke 的确定

1）无风险报酬率 Rf 的确定。经查询，距基准日到期 10 年期国债的平均收益率为 3.57%，故无风险报酬率取 3.57%。

2）企业风险系数 β。根据 Wind 资讯查询的沪深 A 股发电类上市公司的贝塔参数估计值计算确定，具体确定过程如下：

首先根据公布的发电行业上市公司 Beta 计算出各公司无财务杠杆的 Beta，然后得出同类上市公司无财务杠杆的平均 Beta，参照发电行业上市公司的平均资本结构（D/E），由此计算出企业的 Beta，计算公式如下：

$$\beta L=\left[1+(1-T)\times\frac{D}{E}\right]\times\beta U$$

βL：有财务杠杆的 Beta。

βU：无财务杠杆的 Beta，取发电行业上市公司平均数 0.8048。

T：所得税率，取企业目前执行的所得税率 12.5%。

企业 D/E：结合企业基准日的资本结构、发电行业上市公司的平均资本结构以及企业管理层的筹资策略，确定企业 D/E 取 60%。

$$\beta L=\left[1+(1-T)\times\frac{D}{E}\right]\times\beta U=1.2273$$

3）市场风险溢价 Rpm。市场风险溢价是对于一个充分风险分散的市场投资组合，投资者所要求的高于无风险利率的回报率，新兴市场国家（地区）的经验值在 7%~9%，根据测算，本次评估市场风险溢价取 7.38%。

4）企业特定风险调整系数 Rc。①机组装机容量及经营状况。

A公司现有装机容量为三台400t/d二段往复式垃圾焚烧炉排炉，配2台12MW凝汽式汽轮发电机组，目前已运行近三年，经营状况良好。

②原材料供应风险。D企业与我市市容管理局签订了《特许经营协议》，D企业对我市生活垃圾具有特许独家使用权，即在我市市容管理局提供的垃圾量没有达到D企业项目设计处理能力的条件下，在项目运营与存续期限内，我市市容管理局不得将市区生活垃圾焚烧特许经营权授予其他任何第三方。

综合上述各种因素，D企业特定风险处于行业较低的水平，Rc取值为3.6%。

5）权益资本成本Ke的确定。根据上述确定的参数，则权益资本成本计算如下：

2011年至2015年：

$$\begin{aligned} Ke &= Rf + \beta \times RPm + Rc \\ &= 3.57\% + 1.2273 \times 7.38\% + 3.6\% \\ &= 16.23\% \end{aligned}$$

（2）债务资本成本Kd的确定

Kd以目前企业执行的实际平均贷款利率大部分为优惠利率，参考评估基准日中国人民银行发布的金融机构人民币长期（五年以上）贷款基准利率，Kd取5.35%。

（3）所得税率T

A公司目前执行的所得税率为12.5%。

（4）折现率（加权平均资金成本）的确定

2011年至2015年：

$$\begin{aligned} WACC &= \frac{Ke \times E}{D + E} + \frac{Kd \times D \times (1 - T)}{D + E} \\ &= \frac{16.23\% \times 1}{1 + 60\%} + \frac{5.35\% \times 60\% \times (1 - 12.5\%)}{1 + 60\%} \\ &= 11.9\% \end{aligned}$$

根据行业经验，我国的 WACC 一般大于 10%（考虑通胀的情况下），具体要根据行业及企业发展阶段确定，一般为 10%~15%。

评估值的计算过程、评估结论及非经营性负债价值的确定：

表 2　评估值的计算过程及评估结论

	2011 年 12 月	2012 年	2013 年	2014 年	2015 年	永续
净现金流量	1,299,238.31	16,607,073.17	12,874,993.89	30,596,195.03	36,097,935.03	50,796,735.03
折现率	11.90%	11.90%	11.90%	11.90%	11.90%	11.90%
折现系数	0.99	0.88	0.79	0.71	0.63	5.31
各期间现金流量折现值	1,286,480.71	14,695,266.72	10,181,255.10	21,621,788.84	22,796,935.65	269,577,071.97
合计	340,158,799.00					

应付股利 16,510,198.00 元，非经营性基建欠款 11,324,100.00 元，共计 27,834,298.00 元。

股东权益价值 = 自由现金流现值 + 溢余资产价值 + 非经营性资产价值 − 非经营性负债价值

= 340,158,799.00 + 0 + 0 − 27,834,298.00

= 312,324,501.00 元

附录二

纳税人反馈明细表

纳税人反馈明细表

2030014162561　　　　　　　　回复日期：

纳税人识别号	[redacted]	纳税人名称	[redacted]再生能源发电有限公司
是否补缴税款、滞纳金、罚款(是/否)：			
补缴税款、滞纳金、罚款合计数（元）：			
情况说明			

[redacted]再生能源发电有限公司反馈如下：

1. 已完成自查，并补缴税款20360673.77元

2. 增值税享受即征即退优惠符合国家产业政策，不存在涉税风险。

3. 1) 因我公司主要原材料为垃圾，该原材料由政府免费提供，而在一般制造业主要原材料占总成本比重一般为40%-80%，其负数偏高是行业特点形成的

2) 其他应付款为集团借给我公司的款项，用于归还到期商业贷款

3) 其他应收款为正常企业往来款。

以上都不存在涉税风险。

4. 2000元政府补助已计入利润总额并上缴了企业所得税

附录三

相关法律法规

3.1 《非居民企业所得税源泉扣缴管理暂行办法》（节选）

第三条　对非居民企业取得来源于中国境内的股息、红利等权益性投资收益和利息、租金、特许权使用费所得、转让财产所得以及其他所得应当缴纳的企业所得税，实行源泉扣缴，以依照有关法律规定或者合同约定对非居民企业直接负有支付相关款项义务的单位或者个人为扣缴义务人。

第十五条　扣缴义务人未依法扣缴或者无法履行扣缴义务的，非居民企业应于扣缴义务人支付或者到期应支付之日起7日内，到所得发生地主管税务机关申报缴纳企业所得税。

股权转让交易双方为非居民企业且在境外交易的，由取得所得的非居民企业自行或委托代理人向被转让股权的境内企业所在地主管税务机关申报纳税。被转让股权的境内企业应协助税务机关向非居民企业征缴税款。

扣缴义务人所在地与所得发生地不在一地的，扣缴义务人所在地主管税务机关应自确定扣缴义务人未依法扣缴或者无法履行扣缴义务之日起5个工作日内，向所得发生地主管税务机关发送《非居民企业税务事项联络函》，告知非居民企业的申报纳税事项。

3.2 《关于境外注册中资控股企业依据实际管理机构标准认定为居民企业有关问题的通知》（节选）

第六条　境外中资企业被判定为非境内注册居民企业的，按照企业所得税法第四十五条以及受控外国企业管理的有关规定，不视为受控外国企业，但其所控制的其他受控外国企业仍应按照有关规定进行税务处理。

第七条　境外中资企业可向其实际管理机构所在地或中国主要投资者所在地主管税务机关提出居民企业申请，主管税务机关对其居民企业身份进行初步审核后，层报国家税务总局确认；境外中资企业未提出居民企业申请的，其中国主要投资者的主管税务机关可以根据所掌握的情况对其是否属于中国居民企业做出初步判定，层报国家税务总局确认。

3.3　《中华人民共和国企业所得税法》（节选）

第三十七条　对非居民企业取得本法第三条第三款规定的所得应缴纳的所得税，实行源泉扣缴，以支付人为扣缴义务人。税款由扣缴义务人在每次支付或者到期应支付时，从支付或者到期应支付的款项中扣缴。

第四十一条　企业与其关联方之间的业务往来，不符合独立交易原则而减少企业或者其关联方应纳税收入或者所得额的，税务机关有权按照合理方法调整。

企业与其关联方共同开发、受让无形资产，或者共同提供、接受劳务发生的成本，在计算应纳税所得额时应当按照独立交易原则进行分摊。

第四十七条　企业实施其他不具有合理商业目的的安排而减少其应纳税收入或者所得额的，税务机关有权按照合理方法调整。

3.4　《一般反避税管理办法（试行）》（节选）

第三条　税收利益是指减少、免除或者推迟缴纳企业所得税应纳税额。

第四条　避税安排具有以下特征：

（一）以获取税收利益为唯一目的或者主要目的；

（二）以形式符合税法规定、但与其经济实质不符的方式获取税收利益。

第五条　税务机关应当以具有合理商业目的和经济实质的类似安排为基准，按照实质重于形式的原则实施特别纳税调整。调整方法包括：

（一）对安排的全部或者部分交易重新定性；

（二）在税收上否定交易方的存在，或者将该交易方与其他交易方视为同一实体；

（三）对相关所得、扣除、税收优惠、境外税收抵免等重新定性或者在交易各方间重新分配；

（四）其他合理方法。

第六条　企业的安排属于转让定价、成本分摊、受控外国企业、资本弱化等其他特别纳税调整范围的，应当首先适用其他特别纳税调整相关规定。

企业的安排属于受益所有人、利益限制等税收协定执行范围的，应当首先适用税收协定执行的相关规定。

附录四

逃税与避税的区别

逃税是指纳税义务人违反税法的规定，不履行自己的纳税义务，不缴或少缴税款的行为。逃税属于违法行为，严重的逃税行为还构成逃税罪，即纳税人采取欺骗、隐瞒手段进行虚假纳税申报或者不申报。逃避缴纳税款数额较大，并且占应纳税额百分之十以上的，处三年以下有期徒刑或者拘役，并处罚金；数额巨大并且占应纳税额百分之三十以上的，处三年以上七年以下有期徒刑，并处罚金。

避税是指纳税人利用税法上的漏洞或税法上没有禁止的办法，做出适当的税务安排和税务策划，减少或不承担其应该承担的纳税义务，规避税收的行为。避税并不直接违法，也不构成犯罪。

从严格的法律意义上讲，逃税和避税是两种行为，在性质、手段等方面，都存在着本质上的明显区别，但造成的后果几乎是相同的，即国家税收收入的流失、守法纳税人与逃避者之间的不公平竞争，由此造成的社会分配不公等，因此，对国家而言，控制避税与控制逃税有同样重要的意义。[1]

我国反逃避税的法律制度和体系还很不健全，对逃避税行为的具体纠正措施、规则和程序，法律上缺乏明确、清晰、易于操作的具体规则。因此，如何正确使用国际税收的基本原则和一般规则，对避税行为进行反制，捍卫国家的税收主权，成为当前亟待解决的问题。

附录五

税基侵蚀和利润转移（BEPS）简介

税基侵蚀和利润转移（BEPS）项目是由二十国集团（G20）领导人背书，并委托经合组织（OECD）推进的国际税改项目，是G20框架下各国携手打击国际逃避税，共同建立有利于全球经济增长的国际税收规则体系和行政合作机制的重要举措。2014年6月26日，OECD通过了15项行动计划中的7项产出成果和1份针对这些成果的解释性声明，并于9月16日对外发布。澳大利亚作为今年的G20主席国，将于9月19日对外发布。9月20至21日的G20财长和央行行长会议将审议通过这8份文件，然后提交于11月在澳大利亚召开的G20领导人峰会背书。这些成果对重塑现有国际税收规则体系，完善各国税制意义重大；对促进我国税制改革，建立与我国对外开放和税收现代化相适应的国际税收制度与征管体系同样意义重大。以下是对相关情况的简要说明。

5.1 背景

税基侵蚀和利润转移（BEPS）是指跨国企业利用国际税收规则存在的不足，以及各国税制差异和征管漏洞，最大限度地减少其全球总体税负，甚至达到双重不征税的效果，造成对各国税基的侵蚀。

在经济全球化的背景下，BEPS愈演愈烈，引起了全球政治领袖、媒体和社会公众的高度关注。为此，2012年6月，G20财长和央行行长会议同意通过国际合作应对BEPS问题，并委托OECD开展研究。2013年6月，OECD发布《BEPS行动计划》，并于当年9月在G20圣彼得堡峰会上得到各国领导人背书。

BEPS行动计划包括5大类共15项行动，将在2014年9月、2015年9月和2015年底前分阶段完成，并提交当年的G20财长和央行行长会议审议，然后，由当年的 G20 领导人峰会背书。表 3 为 BEPS 15 项行动计划分类表。

表 3　BEPS 行动计划分类表

类　别	行动计划
应对数字经济带来的挑战	数字经济
协调各国企业所得税税制	混合错配、受控外国公司规则、利息扣除、有害税收实践
重塑现行税收协定和转让定价国际规则	税收协定滥用、常设机构、无形资产、风险和资本、其他高风险交易
提高税收透明度和确定性	数据统计分析、强制披露原则、转让定价同期资料、争端解决
开发多边工具促进行动计划实施	多边工具

5.2　行动计划的实质

BEPS 15 项行动计划内容与技术均十分庞杂，但归根结底遵循 2014 年 2 月 G20 财长与央行行长悉尼会议达成的原则，即税收要与实质经济活动和价值创造相匹配。

目前的所得税国际规则是第一次世界大战后于 1923 年建立起来的，已经运行近百年，主要是在所得的来源国与居民国之间进行税收权益的分配。分配的原则是：限制来源国征税权，促进跨境投资。该规则运行的结果是，跨国企业受趋利引导，既规避来源国税收也规避居民国税收，居民国与来源国的税基均被侵蚀，利润均被转移，转移的目的地是低税地和避税地。当然，居民国与来源国之间也有税率高低之分，企业利润自然也会向税率低的一方转移。当前，全球利润至少 50% 以上涉及国际交易，特别是企业集团跨境关联交易数额巨大。所有这些交易都可以在现有规则体系下进行避税筹划。筹划的结果是税收权益与实质经济活动的错配，经济活动发生地没有留下应有的利润，也没有获得应有的税收。生产要素的跨境配置受到扭曲，税收公平面临挑战，国际税收秩序受到严重威胁。因此，国际社会必须携手改革现有国际税收规则体系，以适应快速发展的经济全球化趋势。

5.3 影响与应对

BEPS 行动计划的最终成果将在 G20 峰会上由各国领导人背书，虽然在法律层面并不形成硬性约束，但政治层面的承诺以及其他国家在行动计划框架下开展的税制改革，都将不可避免地对我国税收制度和税收管理产生影响。不论行动计划的最终结果如何，我国都将面临接受新规则和履行义务的压力。

改革的结果将产生三个层次的规则协调。第一是对各国国内税收立法的建议；第二是修订所得税领域的国际规则，主要是 OECD 税收协定范本及其注释和 OECD 转让定价指南；第三是形成多边法律工具，进行多边税收协调。第一个层次涉及立法主权；第二个层次涉及双边谈判权；第三个层次则要求参与国让渡各自的立法主权和双边谈判权。三个层次均主要涉及国际交易的所得税政策协调，与资本、技术和人员等生产要素的跨境配置直接相关。

新一轮国际税收改革带给世界一次机会，也带给公平一个机会，那就是，税收与现实经济活动和价值创造相匹配。可以相信，BEPS 行动计划是建立相对公平的国际税收秩序的一次良机。此前延续近百年的税收国际规则，基本都是由发达国家主导制定，反映发达国家的利益与诉求，发展中国家没有发言权也缺乏参与度。而此轮国际税改，中国和新兴经济体已经处在一个新的发展阶段和水平上，我们有必要也有能力参与其中，把握历史机遇，不辱历史使命。

按照 G20 确定的 BEPS 项目时间表，全部行动计划将于 2015 年底完成，我国将继续积极参与 BEPS 其余行动计划的相关工作，通过国际合作，打击税基侵蚀和利润转移，与国际社会携手共建良好、公平、公正的国际税收秩序。

参与此轮国际税收改革也是完善我国国家税收国际方面一系列制度的一次良机。我们将结合中央确定的财税改革任务，借鉴BEPS行动计划所产生的成果，修订反避税管理规程，加大防止税收协定滥用力度，完善跨境税源管理办法，健全国际税收管理体系，全面加强国际税收管理工作，努力打造国际税收升级版，在促进对外开放和国际经济合作的同时维护好我国的税收权益。[2]

附录六

国际反避税的手段和措施

从19世纪末到20世纪80年代，是世界市场形成的重要阶段：资本输出增加，世界货币形成，国际税收的规则也日臻完善。20世纪90年代至今，美欧日跨国公司大量涌现，伴随着西方国家自由主义经济政策盛行，世界各国更加重视国际税收规则的制定，“反避税”越来越成为各国税收关注的焦点。尤其是2008年全球金融危机后，在国际税收矛盾日益激化的大背景下，跨国公司的全球避税行为引起广泛关注。本文从宏观和微观两个层面，对国际反避税的手段和措施进行梳理。

6.1 宏观层面

6.1.1 通过税收立法防范避税

立法是一个主权国家的象征。世界上任何一个主权国家，很难想象不通过立法来维护自己的权益。既然跨国纳税人的避税是有损于国家财政利益的，那么国家通过税收立法来防范有损国家权益行为的发生是理所当然的。当前世界各国的税法有繁有简，但无论繁简，许多国家的税法都有反避税的规定，这些反避税规定大体上可以分为两类：一类是一般反避税条款，另一类是特殊反避税条款。

6.1.2 完善征收管理机制防范避税

任何一部完善的税法，无论反避税措施如何具体，离开了具有训练有素、经验丰富的税务人员的组织实施，都只不过是一纸空文。建立完善税收管理机制，一是需要有较高素质的税务人员；二是积累丰富的税收管理经验和资料；三是需要国际的协调动作；四是需要征管手段的现代化。

6.1.3 签订双边或多边的国际税收协定以防范偷逃税和避税

第二次世界大战以后，随着社会经济的国际化和跨国公司活动规模的迅速扩大，跨国纳税人避税目的日益明显，使越来越多的国家认识到，单纯依靠本国力量进行反避税斗争难度越来越大。于是以签订双边或多边的国际税收协定的形式进行国际合作，这就成为国际反避税斗争的一种重要形式。据有关资料介绍，美国已与30多个国家签订了双边税收协定。欧洲经济共同体国家之间签订了多边税收协定。[3]

6.2 微观层面

6.2.1 针对避税管辖权的措施

德国税法规定凡移居无税或低税国家或地区的德国公民，如果移居前的10年里有5年是德国税法意义上的居民，只要符合下列条件者，仍然视其为德国税收居民，应承担无限纳税义务。

6.2.2 针对滥用国际税收协定的反避税措施——加入反滥用条款

目前防范第三国居民滥用税收协定的方法有很多，但国际上主要的做法是在双方税收协定中加进一定的反滥用条款，这些条款的内容有以下几种类型：透视法，排除法，纳税义务法，途径（渠道）法。

6.2.3 针对避税港的反避税措施——受控外国公司（CFC）立法

20世纪60年代初，为了对付纳税人在避税港设立基地公司进行避税，美国政府建议全面取消延迟纳税，美国人控制的外国公司不论是否将利润分配，都要计到股东名下据以纳税。随后，世界各国纷纷效仿美国针对避税港的反避税措施。

6.2.4 针对资本弱化的反避税措施—— 限制资本弱化

利用资本结构避税也是跨国公司常用的手段。因为，各国税法都允许借款的利息打入成本费用，在所得税前列支，这样，一个位于高税国的公司就可以通过加大债务资本、缩小股权资本的方式（即所谓的资本弱化）来多列支利息费用，从而达到少纳所得税的目的。

6.2.5 转让定价调整方法

企业间货物、服务交易及其定价原本属于企业的自主权。但是关联企业间的转让定价影响了相关国家税收权益，损害了税收公平原则。转让定价的具体调整办法包括可比非受控价格法、转售价格法、成本加成法、可比利润法、交易净利法、利润分割法。

6.2.6 关于调整举证责任——加强国际税收合作

各国普遍重视跨国纳税人税务登记、纳税申报管理，加强税务审计，建立情报交换制度，强化国际税收合作。美国1973年与瑞士签订的反对有组织犯罪条约中还允许美国国内收入局在某些案件中调查瑞士银行账户。[4]

附录七

全球化的中国税收困境

据统计，在我国设立的外企亏损面在1988—1993年间约占35%~40%，在1994—1995年增至50%~60%，在1996—2000年间平均达到60%~65%；在此以后，外企亏损面稳定在50%左右，自报亏损总额每年都在1200亿至1500亿元之间。另有相关数据显示，目前全世界159个实行企业所得税的国家和地区平均税率是28.6%，我国周边18个国家和地区的平均税率是26.7%。我国执行25%的企业所得税率属于适中偏下的水平，有利于提高企业竞争力和吸引外资。但在中国较低税率的条件下却有如此大规模的避税，令人深思。这也表明我国必须建立高效、完备的反避税审计新体系，下文将从两个层面具体阐述原因。

7.1 国际层面的原因

7.1.1 国家间利益冲突

在消除国际避税问题上，有关国家的利益常常是对立的。因为跨国纳税人避税行为的客观结果是减少了高税负国家的税收，但在一定程度上增加了低税负国家的税收。因此，各国对跨国纳税人避税国际管制的态度不尽相同。对于发达国家而言，它们主要作为资本输出国，对国际反避税是积极响应的。而发展中国家主要作为资本输入国，基于发展自身经济的需要，某些国家和地区提供避税港，在客观上引诱了跨国纳税人避税。由此就出现了“国际税收竞争”。它可区分为正常的国际税收竞争和恶性的国际税收竞争。根据OECD界定，以下四种行为构成恶性竞争：一是不征税或是名义上征税但实际不征税；二是拒绝和其他国家交换税收信息；三是税收法律及征管规定缺乏透明度；四是对无实质性经营的企业（导管公司）也给予税收优惠。

7.1.2 税企间的利益博弈

跨国公司是当今世界经济的核心组织者，资本逐利性的本质决定了跨国公司是要在全球范围内最大限度地获取最高利润。在这一条件下，跨国纳税人总是尽可能地少缴税或不缴税，以减少自身既得利益的损失或经济行为的成本。而作为另一方利益主体的各国政府要在法律规定的范围内尽可能多地收税。由此就形成了国际税收征纳过程中各国政府与跨国纳税人之间的税收博弈。加之跨国公司往往拥有强大的经济实力，有政治上的代言人。这些代言人活动在各国政府和诸多国际组织中，为维护跨国纳税人的利益奔走，要求重视维护跨国纳税人的权益，这也在一定程度上加大了各国进行国际反避税合作的难度。

7.1.3 税收国际法规范的有限性

(1) 内容的有限性。从当前现状看，各国通过税收协定所确立的国际法规范十分有限，主要是国际税收协定中的税收情报交换条款，以及近年来逐渐增加的一些反国际避税的特别条款，如反滥用税收协定条款等。而从现有的税务情报交换条款的规定看，其内容受到诸多限制，交换情报的方法也十分有限。除了在税务情报交换领域，还没有出现专门反国际避税的双边或多边税收协定。在此背景下，各国国内的反避税立法仍然发挥主要作用。这种仅仅依靠单边或双边性的反避税措施，难以打击越来越复杂和精巧的国际避税安排。

(2) 功能的有限性。税收国际规范是由各个主权国家本着平等、自愿和互利的原则达成的协议。由于没有一个超国家权力可以强制执行协定，国际税收协定作为国际法，是以缔约国相互信任、自觉遵守为条件的。由于多数国家没有关于国际税收协定优于国内法的明确规定，无视税收协定的现象经常发生。另外，许多国家在司法实践中，也往往根据禁止滥用税法、实质优先于形式等一般法律原则，在涉及跨国纳税人不当利用协定避税的案件中，否认纳税人优先适用协定的主张。这进一步导致了国际税收协定功能的降低和国家间的冲突与争议。

7.2 国内层面的原因

7.2.1 中国税法存在漏洞且随意性较大

目前各类保税区、开发区和高新技术企业等涉及各种各样的税收优惠，这为合法避税提供了一个很大的操作空间。在具体政策上，刚正式施行的新企业所得税法，虽然对限制转移性定价行为进行了原则性规定，但还未达到可直接操作的程度。新税法反避税条款的执行还需要相关法律的配套。例如，在企业所得税上目前通行的做法是由纳税人负举证责任，以提高行政效率，即如果税务机关裁定纳税人有转移定价避税行为，纳税人又不能提供与事实相反的证明，则按税务机关的裁定执行。但是，我国行政诉讼法采用的是被告举证义务制度，即由行政部门承担举证责任。显然，反避税中的纳税人举证规则和行政诉讼的举证规则相互矛盾。从税务管理执行来看，由于税法的不完善，存在诸如纳税人定义上的可变通性、课税对象金额上的可调整性和税率上的差别性等缺陷，导致纳税人可以利用税法的不足之处进行避税，这加大了反避税审计执行的难度。例如在实践中，很多时候避税与反避税并非纠缠在“违法或不违法”之间的争论，征纳双方争执的焦点在于纳税人的交易行为是合理还是不合理。合理或不合理的争执用现行法律是难以准确界定的。

7.2.2 地方政府反避税意愿不够坚决

在某些地方政府看来，招商引资重于税收流失，引资越多政绩越大，税务部门反避税会破坏投资软环境。于是地方官员不正当干预反避税审计成为一种常见现象，这大大降低了审计机关反避税的效率。地方税务部门在税收征管手段上也存在技术落后、查堵不严等问题。反避税审计机构与其他部门协作不够，企业逃避税收往往涉及跨区域、跨国范围内产品价格和市场信息，这需要反避税审计机构与商务部、海关、统计、工商管理等相关部门密切合作，加强各个部门之间的信息联络与沟通，单靠审计部门“单兵作战”，力量有限。

7.2.3 反避税人才极其缺乏

在日趋开放的市场经济中，很多时候企业税收不仅涉及国内税法和税率，还涉及国外税法和税率。这需要税务审计人员通晓世界各地的税收制度和税收协定，更要熟练掌握和运用电子商务环境下跨国企业经济交易的运作状况和规律。但目前国内在这方面的人才培养远远赶不上形势的发展。

主要参考文献

[1] 刘剑文. 国际税法学:第二版[M]. 北京:北京大学出版社,2010:257.

[2] 国家税务总局办公厅. 国家税务总局公布 G20 税基侵蚀和利润转移项目 2014 年成果[EB/OL]. (2014 - 09 - 17) [2015 - 10 - 10]. http://www.chinatax.gov.cn/n810219/n810724/c1112384/content.html.

[3] 郑伟. 国际反避税的重要措施及对我们的启示[J]. 全国商情,2006(1):38 - 40.

[4] 张杰,莫燕. 反国际避税措施的借鉴与完善[J]. 社会科学家,2005(5):186 - 187.

教师绩效工资改革为何掌声不多？*

摘　要：2009年事业单位全面实现绩效工资，该政策成为工资改革的破冰之举，这一政策有望打掉既得利益堡垒，但也遭到质疑：政策落实有一定的难度。本案例以国家实行绩效工资改革政策后出现的形形色色的绩效工资改革方案为切入点，在系统梳理各种教师绩效工资改革方案的基础上，阐述了绩效工资改革没有落到实处的原因。引导读者思考好的政策应该如何做才会有好的执行，政策执行中有哪些难点，有哪些问题需要解决，还需要哪些配套政策等问题。

关键词：教师；绩效工资；政策执行

1　引言

2009年国务院召开常务会议，决定在公共卫生与基层医疗卫生事业单位和其他事业单位实施绩效工资。

会议指出，实施绩效工资是事业单位收入分配制度改革的重要内容。在规范津贴补贴的同时实施绩效工资，逐步形成合理的绩效工资水平决定机制、完善的分配激励机制和健全的分配宏观调控机制，对于调动事业单位工作人员积极性，促进社会事业发展、提高

---

* 由刘燕编写，欧朝敏和杨清清参与了资料的收集和整理。

公益服务水平，具有重要意义。事业单位实施绩效工资分三步展开：第一步从2009年1月1日起先在义务教育学校实施；第二步配合医药卫生体制改革，特别是实行基本药物制度，从2009年10月1日起，在疾病预防控制、健康教育、妇幼保健、精神卫生、应急救治、采供血、卫生监督等专业公共卫生机构和乡镇卫生院、城市社区卫生服务机构等基层医疗卫生事业单位实施；第三步从2010年1月1日起，在其他事业单位实施。事业单位实施绩效工资的同时，对离退休人员发放生活补贴。

会议明确了事业单位实施绩效工资的基本原则。一是实施绩效工资与清理规范津贴补贴相结合，规范事业单位财务管理和收入分配秩序，严肃分配纪律。二是以促进提高公益服务水平为导向，建立健全绩效考核制度，搞活事业单位内部分配。三是分级分类管理，因地制宜，强化地方和部门职责。四是统筹事业单位在职人员与离退休人员的收入分配关系，不断完善绩效工资政策。

2 教师工资不升反降

在实施绩效工资之前，教师的收入构成分为两部分：一部分是由国家财政支付；另外一部分来自于学校的“创收”。某学校校长曾做过统计，通过学校闲置房、体育场地的出租，每年学校可以创收100多万元，而这些收入都可以供学校内部分配，扣除一些硬件的配备外，绝大部分都分到了老师的手中。还有就是学校的小卖部的营业收入，起码有几十万元。一年加起来分到老师手上就不少了。

但是，从绩效工资实施以来，学校老师的负面反应比较多。提到绩效工资，不少名校老师意见很多，老师们觉得自己的收入都降低了。老师们反映：“高级教师大概少了将近1800元。中级教师少了1200元到1400元之间。”另外，不同学校老师的绩效工资差别很大，一般有创收的学校，会拿出来一部分作为奖励性绩效工资发给老师，没有的学校就只能拿政府那一块，区别很大。有校长反映："一些偏远地区的一级教师一个月还拿不到1000元，而我们这里的老师起码有4000多元。"[1]

老师的不满意直接影响到教学的积极性。"这段时间老师们都不太积极，这从晚自习可以看出来。以前晚自习结束后，很多老师会留在教室里辅导学生。自从绩效工资实行以后，老师们十分灰心丧气，肯留下辅导学生的几乎没有，学生、家长也很着急。"某学校校长显得很无奈。

老师们对绩效工资很是期待，但是现在的发展让老师比较失望，老师的总体反映是："只希望绩效工资不要搞，或是你搞你的，别打我原来工资的主意。"

3 割肉式的绩效工资改革：用自己的钱奖励自己

绩效工资改革中，最让老师们不满的是要将老师原来所得的一部分截留下来用作搞绩效，"用自己的钱奖励自己"。通过在老师之间做加减法，在老师之间进行再分配，很多老师再也拿不回原来那个水平了。

广东省人事厅、财政厅和教育厅联合下发《广东省义务教育学校绩效工资实施意见》。茂名市教育局人事科一位工作人员介绍，实行绩效工资有两种途径：一种是政府拿出真金白银，给教师涨工资；另一种在老师原有工资里做"加减法"。

央视报道，北京市政府投入20亿元实行教师绩效工资，北京13万中小学老师，每年可多出15000元收入。这即第一种途径。

和广东许多欠发达地区一样，茂名目前走的是第二条路，因为"财政真的拿不出钱"。以茂名市茂南区为例，每个月要发6000多名中小学老师的工资，区财政还要向市里"借几百万元"，"再拿钱搞绩效工资，会要了政府的命"。

为了给老师讲清楚茂名如何实行绩效工资，校长打了个比方：

某老师每月 50 元基本工资，100 元津贴补助。实行绩效工资后，100 元中 70% 成为绩效工资的基础部分，这 70 元和 50 元基本工资每月固定发放；另外 30 元作为绩效工资奖励性部分，由学校具体考核分配。如果表现不好，这 30 元可能全部扣下，奖给别的老师。[2] 按照这种算法，很多老师的工资都会减少几百块钱，让老师感觉割了一块肉，什么时候能拿回来，怎么拿回来都是一个未知数。茂名的做法引起了老师的反对和抗议，在重重重压之下，茂名市人事局和教育局召开紧急会议，明确表示，原来方案废除，头一个月截留的绩效工资，将于第二个月返给学校，由学校自行考核分配。老师们又开始担心，这么快就开始分配奖励性绩效工资，绩效考核方案在哪？谁能多拿钱？谁的工资将开倒车？

类似的做法还发生在兰州市城关区，该区是甘肃省内实行绩效工资改革最早的地区，结果却遭遇了“先吃螃蟹先扎嘴”的尴尬。当地教育部门规定，从 2009 年 11 月 1 日起，全区教职工每人工资平均上浮 180 元，但又按照教师的实际收入扣除 30% 的工资，这样下来，平均每人扣留 450～500 元。

扣留的这部分钱存在专门的账户里，每半年发放一次，但不再直接发放到教师的工资卡上，而是发放到学校，由学校根据教师的绩效再分配。按计划，城关区教育局将把绩效部分的工资每年发放两次，2 月份一次，8 月份一次。一年发两次的原因是，教师的职业比较特殊，按照学期考核比较科学。

教师工资中的 30% 暂停发放，用于绩效考核后的“二次分配”，此举引发了部分教师的不满，他们认为这是在“拿自己的钱奖励自己”。

在接连不断的质疑声中，2009 年 11 月 13 日，城关区教育局紧急调整了改革方案，决定把 11 月份扣掉的工资在 11 月 16 日前给大家补上。原本从 2009 年起每月涨的 180 元，从 2009 年 1 月补到 10 月份，2009 年 11 月 16 日，补发的工资已打到老师的工资卡上。2009 年 11 月以后到年底这段时间里每月 180 元津贴和教师的第13个月工资暂扣，当作绩效来发放，具体考核细则让各学校尽快拿出办法。

时至今日虽然已经放假，但城关区的一些学校仍没有拿出考核细则。能否拿上、能拿多少，面对尚未到手的绩效工资，许多教师不免忐忑。[3]

4　偏行政，轻教学

让大家对绩效工资质疑的还有一点就是分配方案的公平性，许多老师反映分配方案更多地考虑领导的得失，并没有真正向一线教师倾斜。国家推行的义务教育教师绩效工资改革，但在当地执行过程中，在确定具体分配方案的时候却变了味儿，明显向行政管理人员倾斜，一线教师获益不多。

不久前，中山市两位政协委员在当地两会上反映，工作20多年的一线教师待遇，可能还不如20多岁的学校团委书记。中山市1月初开始实施绩效工资。仅半个多月后，一些学校在执行时就出现了“偏行政，轻教学”的现象。

“学校行政人员最高工资可达一线教师的3.5倍。”据欧阳传圣调查，众多一线教师对这次绩效工资改革不满，因为自己的收入原地踏步甚至还有所减少，而中层领导、校领导待遇增加的幅度过大，“绩效工资变成了官效工资”。另一位委员李树华也颇为担心：在这种绩效工资方案下，一线教师辛苦的劳动没有得到体现，积极性倍受打击。“没有一线教师每节课辛勤劳动，就靠少数几个行政领导能行吗？这种不公平现象必然会导致教育服务质量下降。”

某学校的一个老教师反映：“就拿我们学校来说，明确规定奖励绩效这块人均1500元，但校长可以是这个平均数的2.5～2.8倍，教导主任等中层干部达1.7～2.2倍。他们拿得多，我们相应拿得就少了，等于是挖我们的去贴他们。难道校长、中层干部比一线教师干的活多一两倍吗？”

“教得再好，不如当个领导。”从广东不少一线教师口中，记者不约而同听到了这样的话。广州天河区某小学老师也向记者吐出苦水:“绩效工资应该向一线老师倾斜，但从学校拟定的实行方案中，我们感受不到这种倾斜，反而学校领导层的工资涨了不少。”该校负责人表示，绩效工资本应是从去年 1 月开始实施，但至今学校一直都毫无动静，归根到底就是老师的待遇“没谈拢”。

绩效工资改革在某些地区和学校的执行过程中或多或少出现了“偏行政、轻教学”的现象，让该项政策的合理性和公平性打了折扣。一项好政策，如何不变味，而是变得更好，值得深思。

5 结束语

国家推动事业单位绩效工资改革，无疑是为了解决“大锅饭”“一锅粥”的局面，更好地调动事业单位人员的工作积极性，也为了解决百姓入学难、看病难、办事难这“三大难”问题，最终在全社会实现收入分配公平公正。实施绩效工资政策这么久，为何老师们怨声载道？为何出现了形形色色的分配方案？为何有些分配方案显失公平？这些问题值得我们思考。笔者认为，绩效工资绝对是一台好戏，就看如何把这台戏唱好，工作的重点应该放在执行和具体分配方案的制订上。地方政府应将尊师重教的意识投入到行动中去，提高自身办事效率，尽力做到执行中央政策“不打折”。做事情不能因噎废食，改变政策中那些被质疑的地方，还是可以让它如初衷般美好的。

思考题

1. 目前的绩效工资改革存在哪些方面的问题?
2. 如果教师绩效工资改革要惠及每一个人，还需要解决哪些问题?

主要参考文献

[1] 深圳新闻网.教师绩效工资争议不断,一线教师工资不升反降[EB/OL].(2010-01-25)[2015-10-10].http://news.sznews.com/content/2010-01/25/content_4354442_2.htm.

[2] 徐滔.教师绩效工资改革:"用我的钱奖励我?"[N].南方日报,2009-11-12(10).

[3] 康劲.绩效工资改革:教师担心工资不升反降[N].工人日报,2010-01-21.

醴陵市网格化管理*

摘　要：2013 年 8 月，新任醴陵市委书记带领党委政府一班人经过调查研究，决定在全市推进以“连心解困”为目的的大走访，意在探索网格化社会管理的新模式。本案例以醴陵市网格化管理为切入点，在分析醴陵市实行网格化管理必要性和紧迫性的基础上，阐述了醴陵市网格化管理的具体方案和实施效果。引导读者思考网格化管理这种新的模式在现行中国有哪些积极作用，可能会存在哪些方面的问题，网格化管理能否成为长效机制，网格化管理如果想取得好的效果，还需要哪些制度建设作为保障等问题。

关键词：醴陵；网格化；社会管理

1　引言

醴陵市为何会采用网格化管理？这要追溯到 2013 年。“为什么道路近了，干部与群众的心却远了？”“口袋鼓了，脑袋却空了？”“生活富裕了，烦恼怨言却多了？”在 2013 年 8 月 13 日召开的“与百姓连心，为百姓解困”大走访活动动员大会上，周晓理书记一语点题——“关键是干部与群众的联系少了！”

近几年，“五彩醴陵”经济得到了高速发展，体制机制、社会结构、利益格局及人们思想观念也在发生着深刻变化，各类矛盾和

---

* 由刘燕编写，张学礼和欧朝敏参与了资料的收集和整理。

问题的产生不可避免。醴陵市浦口镇党委书记谢世军说："从2004年免征农业税后，乡镇干部虽然有办点村，但到老百姓家进行直接沟通交流的时候比较少，大多工作都是与村干部一级联系；市直机关干部，由于工作性质和职能原因，有的与老百姓直接打交道的机会也比较少，对基层，尤其是农村的现实状况了解得比较有限。"

政府和群众接触的机会少了，这样导致两个很严重的问题。一是群众对党和政府的征地拆迁、低保、养老等政策不够了解，存在很多误解。例如，针对农村合作医疗保险，有的村民反映，农村的合作医疗由10元到20元、30元、50元，现在又涨到60元了，个人缴费逐年增加，报销比例却未见调整，减负为什么还年年加钱？这不是成了加负了吗？老百姓因为不理解，存在很多的不良猜测。另有针对计划生育政策，许多老百姓希望，不管第一胎是男是女，就是想生第二胎。特别是一些群众浏览了互联网上热议"2015年我国全面放开二胎政策"的信息后，误以为国家的计生政策已经开始松动。违反计生政策的群众，更以此为由拒交社会抚养费。另外一个是群众表达诉求的渠道不够畅通。原来很多群众有诉求，经常选择到醴陵市政府，到株洲市政府，到省政府，甚至进京上访表达。2013年上半年赴京、赴省、赴市上访次数达到300多次，甚至引发大规模的群体性事件，基层管理干部忧心忡忡。

一方面，基层群众的利益诉求趋向多元并且日益复杂化；另一方面，社会管理还是采用各自为政的传统方式。两者之间的矛盾越来越大。如何加强和创新社会管理，已成为摆在醴陵市政府面前的一项重要和突出任务。

2 四级网格→三级网格→二级网格→一级网格

醴陵将全市划分为五个片区，分别由四大家一把手和市委副书记担任驻片领导，具体见图1。

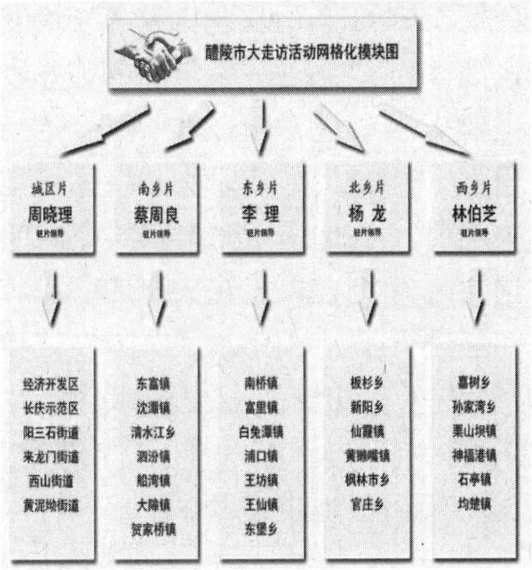

图1　网格模块图

同时按“乡镇（街道）、村（居、社区）、村（居）民小组、家庭户（楼栋）”四个层级划分为四级网格，一级网格32个、二级网格389个、三级网格906个、四级网格9011个，并将5578名机关干部，镇、村（居）干部，两代表一委员纳入责任网格中，形成了“网中有格、格中定人、人负其责、无缝覆盖”的工作格局。

为了更好地接受监督，醴陵市将一、二级网格责任人姓名、职务、联系方式在乡镇（街道）进行公布，三、四级网格责任人的基本信息制作成民情联系牌和民情联系卡，张贴到组（楼栋），发放到户。

案例：一个农民的苦闷怎样一步步送达市委书记？

邓文志是浦口镇花椒村村民，家里种有2亩田地。去年8月旱灾发生时，由于右干渠多年没有全线清淤，无法引雪峰山水库下注，他家的地断了灌溉，大幅减产。他家作为一户，处于最基层的网格之中。去年8月22日，四级网格负责人村干部罗孝付来走访，邓文志向他反映了右干渠的淤塞问题。一个月后，罗孝付参加各级网格负责人碰头会议，将问题汇报给三级、二级网格负责人。二级网格负责人、浦口镇镇长文建纯在综合镇走访办收集信息时，得知右干渠作为镇里主要排灌渠道，全段8公里，波及11个村，如果要彻底清淤，工程肯定挺大。所以，他又将这一难题会签上报市里走访办，探寻解决之道。至此，邓文志家的灌溉问题层层上达，落到了醴陵市委书记周晓理的心头。在去年11月4日召开的调度会上，周晓理对此问题进行了安排交办，由浦口镇和水利局协调处理此事。2个多月后，右干渠的淤泥全被清掉，水渠换了新颜。清淤之后，右干渠沿线村组的防涝抗旱能力得以提升，受益农田约7000亩，邓文志家的2亩田地也在其中。

3 个别问题个别解决，共性问题研究解决，体制问题反映解决

确定每年的三月份为集中回访月。各单位、各部门要对责任网格进行集中回访，对已经解决的问题及时向走访对象反馈公开。还没有解决的问题要向走访对象说明情况，特别是短期内无法解决的问题，要拿出具体处理方案。同时，要认真收集群众提出的新问题、新困难和新想法，能马上解决的马上解决，不能马上解决的要明确责任单位和具体责任人，限时解决。

将每月的20日、21日两天和信访维稳特护期定为全市“群众工作日”。市直单位和驻醴单位都要安排干部到网格责任乡镇（街道）值班接访，乡镇（街道）社会管理工作办至少要有1名二级网格责任人坐班，村（居、社区）社会管理工作站至少要有3名三、四级网格责任人坐班，具体人员按“网格责任单位干部、乡镇干部、村干部”进行搭配，由乡镇、街道、经济开发区、长庆示范区会同网格责任单位统筹安排。

坚持“个性问题个别解决，共性问题研究解决，体制问题反映解决”的原则，建立健全三项问题解决机制。一是问题“分析

一交办一反馈”机制。各责任网格分别召开问题分析交办会，对走访收集的每一个问题逐一进行分析，将任务交办到人、责任明确到人，确保群众反映的问题件件有回音，事事有落实。二是问题挂号销号机制。对走访收集的问题统一编号，采取定人、定责、定时限的方式进行挂号，问题得到有效解决后予以回复并销号。建立首问责任、限时办结、挂号销号、无偿代理等全程服务制度，为群众办理计划生育、建房审批、社保、户籍迁移等与生产生活密切相关事项提供帮助，着力解决群众办事难问题。三是会商督办机制。选择群众最关心、最迫切、最需要解决的上报会签问题进行会商督办，明确责任单位限时办结，并实行跟踪督办、限时督办、挂牌督办。(见附录一)

4　重奖重罚，末位谈话

市委将对大走访的单位和干部进行考核。考核遵循突出重点、简便易行和群众参与的原则，以平台检查、暗访调查、满意度测评和项目督查相结合的考核方式，建立权责分明、导向明确、标准科学、体系完善的社会管理考核评价制度。把大走访活动的开展纳入干部考核，坚持“三结合三为主”原则：坚持集中考核与常态考核相结合，以常态考核为主；坚持日常工作考核与重点工作考核相结合，以重点工作考核为主；坚持年度工作考核与年底政绩考核相结合，以政绩考核为主。确保干与不干不一样，干多干少不一样，干好干坏不一样。

考核工作采取日常考核与年末考核相结合的方式，由市走访办负责组织实施。日常考核主要采取督查的方式进行，结果以通报形式予以公布；年末考核主要采取听汇报、查资料、看现场的方式，对全市各单位统一进行考核，考核结果分别按乡镇（街道）、市直单位、驻醴单位等三类进行排名。

对日常考核督查通报中点名批评的单位，按照 0.5 万元/次的标准进行处罚。同时，第一次点名批评的，约谈单位主要负责人；第二次点名批评的，予以通报批评；第三次点名批评的，单位主要负责人在报纸、电视台公开检讨。并根据日常考核与年末考核得分进行综合评定后得出考核结果，对乡镇（街道）、市直单位、驻醴单位等三类中排名前三位的单位，分别按5万、3万、1万的标准进行奖励，对排名后三位的单位，分别按3万、2万、1万的标准进行处罚，最后一名表态发言。同时，各单位大走访活动情况列入年终绩效考核重点工作内容，考核结果作为绩效考核结果的一部分，排名末位的单位不得评为一类单位，单位主要负责人进行诫勉谈话。（见附录二）

5　效果明显，群众满意度高

自2013年8月活动开展以来，醴陵市5578名干部已走访了23万多个家庭、农户、学校与企业，收集了55447个老百姓反映强烈的问题。

在5万多个诉求中，既有反映家庭困难，寻求低保、五保救助等“点”上的个案，也有反映医疗、教育、廉租房、水利设施、农村电网改造等“面”上的民生诉求。

“5万多个诉求，就是5万多份沉甸甸的责任。”醴陵市委书记周晓理表示，百姓诉求如此之多，使党委和政府感受到了承受的压力，更清醒地认识到群众工作不能走过场，必须帮老百姓解决问题。

在深入走访摸排的基础上，该市对摸排出来的民生诉求按照难易程度、轻重缓急、近期长远进行归纳分类，建立台账和挂号销号机制，各单位和社区“网格”对走访收集的问题实行统一编号，采取定人、定责、定时限的方式，解决一个，销号一个。

目前，醴陵市收集的5万多个百姓诉求中已有3万多个得到解决，其余的问题正在解决。在“大走访”中，群众的问题逐步得到解决，群众的情绪得到释放，党群、干群关系更加紧密。不到半年，2013 年下半年该市在湖南省综治民调中的排名就比上半年上升了 26 位。[1]

思考题

1. 醴陵的网格化管理有什么作用？
2. 如何才能使网格化管理成为一种长效机制？

附录一

关于进一步深入开展“与百姓连心，为百姓解困”大走访活动的意见[2]

全市自开展“与百姓连心，为百姓解困”大走访活动以来，干部作风明显转变，发展环境不断优化，政府公信力显著提升，取得了较好的效果。为进一步深入开展大走访活动，巩固和发展活动成果，特提出如下意见：

一、指导思想

紧紧围绕党的十八大和十八届三中全会精神，将大走访活动与群众路线教育实践活动相结合，以创新社会管理为目标，以“连心解困”为重点，以服务发展为第一要务，以作风建设为抓手，以整章建制为保障，不断推进大走访活动系统化、规范化、制度化，为“推进新创业，建设新醴陵，打造发展升级版，建好湖南东大门”营造良好的社会环境。

二、任务目标

按照“走访了解零遗漏、主动服务零缺失、化解矛盾零激化、扶贫帮困零空白、综合治理零盲区、解决问题零推诿、落实反馈零违诺”的要求，着力构建“信息反馈在基层、矛盾化解在基层、力量充实在基层、机制完善在基层”的群众工作机制，做到划分责任网格化、收集问题信息化、研究工作常态化、落实反馈公开化，确保有处理事、有人办事、有钱做事、有章管事，实现“发展速度明显加快，干部作风明显改进，信访总量明显下降，民调满意率明显上升”的目标，探索和建立创新社会管理的“醴陵模式”。

三、主要内容

1. 完善责任网格划分。全面核对网格信息，修正网格名册中户主已故、举家外迁、姓名错误、信息重复等问题。在保证网格责任单位相对稳定的前提下，按照便于服务、便于管理的原则，对网格责任单位和责任人进行微调。党建帮扶等工作的联系点以大走访责任网格为准。

2. 开展集中回访月活动。确定每年的三月份为集中回访月。各单位、各部门要对责任网格进行集中回访，对已经解决的问题及时向走访对象反馈公开。还没有解决的问题要向走访对象说明情况，特别是短期内无法解决的问题，要拿出具体处理方案。同时，要认真收集群众提出的新问题、新困难和新想法，能马上解决的马上解决，不能马上解决的要明确责任单位和具体责任人，限时解决。

3. 建立群众工作日制度。将每月的20日、21日两天和信访维稳特护期定为全市“群众工作日”。市直单位和驻醴单位都要安排干部到网格责任乡镇（街道）值班接访，乡镇（街道）社会管理工作办至少要有1名二级网格责任人坐班，村（居、社区）社会管理工作站至少要有3名三、四级网格责任人坐班，具体人员按“网格责任单位干部、乡镇干部、村干部”进行搭配，由乡镇、街道、经济开发区、长庆示范区会同网格责任单位统筹安排。

4. 健全问题解决机制。坚持“个性问题个别解决，共性问题研究解决，体制问题反映解决”的原则，建立健全三项问题解决机制。一是问题“分析—交办—反馈”机制。各责任网格分别召开问题分析交办会，对走访收集的每一个问题逐一进行分析，将任务交办到人、责任明确到人，确保群众反映的问题件件有回音，事事有落实。二是问题挂号销号机制。对走访收集的问题统一编号，采取定人、定责、定时限的方式进行挂号，问题得到有效解决后予以回复并销号。三是会商督办机制。选择群众最关心、最迫切、最需要解决的上报会签问题进行会商督办，明确责任单位限时办结，并实行跟踪督办、限时督办、挂牌督办。

5. 创建一批样板。积极探索创新社会管理的途径和方法，努力打造自身特色。以大走访活动为载体，在东、南、西、北片区各创建一个样板村，在城区推广创建“数字化群众工作模式”示范社区，规范、完善管理机制，创建社会管理工作亮点工程，充分发挥“样板”作用，以点带面推动社会管理创新工作。

6. 加大宣传工作力度。把宣传工作作为大走访活动的重要组成部分，充分利用电视、报纸、网站、微博、微信等新闻媒体，全方位宣传推广一批深入基层、深入实际，为群众解决实际问题，事迹突出、群众认可的基层党员和领导干部先进典型，传播发展正能量。

四、保障措施

1. 整合力量，成立专门机构。乡镇（街道）、长庆示范区、经济开发区创新组织设置，挂牌成立“社会管理工作办公室”，村（居、社区）相应成立“社会管理工作站”，明确宣传、解困、管理、服务四大职能，实现社会管理服务关口前移、重心下移，确保有处理事。

2. 充实人员，确保有人办事。选派市直机关干部到乡镇（街道）挂职，整合基层行政事业单位人员、党员干部、“两代表一委员”、大学生“村干部”、志愿者等多方条块人力资源，组建以基层党员干部为主体，社会优秀骨干分子、专业人才为补充的社会管理服务团队，确保有人办事。

3. 预算专列，保障工作经费。把创新社会管理工作列入财政预算，对涉及全市性的重大民生民利问题，安排专项资金，重点向乡镇、街道、农村、社区等基层组织倾斜。行政事业单位根据各自行业和部门的特点、优势，与村（社区）结成帮扶对子，给予一定的资助，同时积极倡导社会力量募捐资金，确保有钱做事。

4. 完善机制，推进常态长效。坚持和完善“一月一碰头，一季一调度，半年一小结，全年总考核”工作推进机制，建立健全“分析—交办—反馈”、问题挂号销号、会商交办等问题解决机制，逐步健全督查督导、考核奖惩、责任追究等工作保障机制，确保有章管事。

五、工作要求

1. 领导带头，强化领导责任。各级领导要进一步深化思想认识，把大走访活动当作一项中心工作来抓，常过问、常调研、常研究、常推动、常解决问题。要进一步强化责任意识，在带头示范、部署推动、协调落实等方面担负起“第一责任人”的责任，真正做到“抓一把手、一把手抓”。

2. 部门联动，形成工作合力。在大走访活动中，各乡镇（街道）是主体，要切实担负起联络、部署、安排、调度、推动等责任。市直单位、驻醴单位要结合部门职能和行业特点，积极配合，主动作为，做到既认真履职、各负其责，又整体联动、协同作战，形成齐抓共管、常抓不懈的工作合力。

3. 加强调度，确保活动实效。市走访办是大走访活动的总协调、总调度，要加强指导，认真履行沟通上下、联系内外、协调左右的重要职责，通过随机抽查、全面督查、回访调查、专项考核等多种手段，加强对大走访活动的督促检查，确保活动平稳有序开展。

附录二

醴陵市“与百姓连心，为百姓解困”大走访活动考核奖惩办法

为进一步巩固大走访活动成效，促进活动的深入开展，根据《醴陵市“与百姓连心，为百姓解困”大走访活动督查实施方案和考核方案》(醴走访办发〔2013〕4 号)的有关规定,制定本办法。

一、考核奖惩范围

各乡镇、街道、长庆示范区、经济开发区、市直单位及驻醴单位。

二、考核方法

考核工作采取日常考核与年末考核相结合的方式，由市走访办负责组织实施。日常考核主要采取督查的方式进行，结果以通报形式予以公布；年末考核主要采取听汇报、查资料、看现场的方式，对全市各单位统一进行考核，考核结果分别按乡镇（街道）、市直单位、驻醴单位等三类进行排名。

三、考核内容及标准

具体考核内容及标准见附件。

四、奖惩办法

严格运用考核结果兑现奖惩。

一是对日常考核督查通报中点名批评的单位，按照 0.5 万元/次的标准进行处罚。同时第一次点名批评的，约谈单位主要负责人，第二次通报批评，第三次单位主要负责人在报纸、电视台公开检讨。

二是根据日常考核与年末考核得分进行综合评定后得出考核结果，对乡镇（街道）、市直单位、驻醴单位等三类中排名前三位的单位，分别按5万、3万、1万的标准进行奖励，对排名后三位的单位，分别按3万、2万、1万的标准进行处罚，最后一名表态发言。同时，各单位大走访活动情况列入年终绩效考核重点工作内容，考核结果作为绩效考核结果的一部分，排名末位的单位不得评为一类单位，单位主要负责人进行诫勉谈话。

主要参考文献

[1] 段羡菊,阳建. 湖南醴陵"大走访"初见成效[N]. 株洲日报,2014-05-04.

[2] 关于印发《关于进一步深入开展"与百姓连心,为百姓解困"大走访活动的意见》的通知[EB/OL].(2014-03-05)[2015-10-10]. http://dazoufang.liling.gov.cn/news/News_View.asp? NewsID=981.

四川省内江市农村产权制度改革*

摘　要：2014年底，四川省内江市市中区正式被农业部确定为全国第二批农村改革试验区。本案例系统梳理了该市在农村产权制度方面的一些改革实验工作，在介绍所取得成效的同时，提出现阶段存在的一些问题。引导读者思考应如何对公共政策进行利益相关方分析，影响公共政策有效执行的主要因素有哪些，执行公共政策时使用非行政性工具应注意的问题等。

关键词：农村产权制度改革；农业BOT机制；法律法规

1　引言

2014年底，四川省内江市市中区正式被农业部确定为全国第二批农村改革试验区。[1]作为全国农村改革试验区，四川省内江市市中区是国内唯一同时承担“土地承包经营权退出、抵押、担保、转让试验”“宅基地使用权退出、抵押、担保、转让试验”“农村住房财产权抵押、担保、转让试验”“集体资产股份制改革试验”“供销合作社综合改革试验”和“农村基层党组织建设试验”六项改革任务的县区。内江市市中区的农村改革，是在全国人大授权的情况下，按照“试点先行、封闭运行”的原则，在区域内突破若干法律法规限制，深化土地承包等六项改革，寻求粮食安全、农业

---

* 由冯平、兰徐和傅珊编写。

增效和农民增收新途径，优化农地多元化经营、渐进式改革的制度设计，为全国农村地区提供可复制、可推广的制度性经验。启动改革试点以来，内江市市中区在农村产权制度领域开展了一系列有益的改革试验工作。

2　内江农村产权制度改革现状

2.1　内江市农业和农村情况

截至2014年底，全市有111个乡镇和4个涉农街道办事处、1680个村、1.81万个村民小组、108.9万户、342.43万农村人口，其中有贫困人口39.07万人。现有耕地247万亩，其中水田130万亩、旱地117万亩。三次产业结构比为16.0∶61.6∶22.4，农林牧渔结构比为47.6∶2.6∶46.3∶3.5，城乡收入比为2.42∶1。

2.2　内江农村产权制度改革具体做法

2.2.1　推行“三自一引”

凡村（组）重大事项，均由农民以自愿、自主、自治的方式讨论决定，党委政府加强引导，变“代民做主”为“由民做主”。

一是深入发动实现农民“自愿改”。采取召开农民院坝会、发放宣传单、组织外出参观考察等多种形式，让群众知晓“为什么改、改什么、改了有什么好处”，把改与不改的决定权交给农民，从而激发了农民的改革意愿和热情。

二是村民议决实现农民“自主改”。引导村（组）民主选举成立议事会、监事会，组建指界小组、丈量小组、调解小组，做到测绘有村民到场，指界由村民确认，确权方案由村民议决，搭建村民自治的制度性平台。

三是化解矛盾实现农民“自治改”。在改革中遇到的矛盾问题主要由群众充分讨论、互相协商，自主解决，小事不出村，矛盾不上交。

四是狠抓党建实现支部"引导改"。选好配强村党组织带头人，将村级工作经费提高到2万元，加强对议事会、监事会的指导，规范运行机制，引导农民自我管理、自我教育、自我服务。

2.2.2 推行"五步工作法"

围绕确实权、颁铁证，探索形成了组织动员、调查测绘、方案议决、结果公示、确权颁证"五步工作法"。

一是注重制度规范。按照"尊重历史、依法稳妥、民权民定、四个一致、应确尽确"的确权原则，制定了土地承包经营权、宅基地使用权等各类确权登记办法，出台了《农村土地测绘及确权登记颁证工作指导细则》等规范性文件，建立健全了确权登记颁证制度。

二是注重测实测准。采用"航拍+调绘+实测"测绘方式，实行专业机构测绘与村民指界确认相结合，确保测绘成果面积准确、四至清楚。

三是注重公开公认。对测绘结果、确权方案、议决事项等，都采取公示的办法，接受群众监督，确保公平公正。

2.2.3 搭建产权交易平台

在坚持耕地保护和用地规划、坚持农村基本经营制度不动摇的前提下，搭建社会资本进入农村、农村资源向资本转变的制度性平台。

一是建立流转服务体系。市成立农村产权交易中心，资中、威远、隆昌三县设分中心，乡镇设立流转服务站，村发展流转信息员，形成了市、县、乡、村四级流转服务体系，具备了网上挂牌、网上竞价、网上交易的条件。

二是建立流转交易制度。出台了《农村产权交易管理暂行办法》，完善了《农村土地承包经营权流转管理暂行办法》等四个交易制度，将农村土地、房屋、农业类知识产权、集体经济组织股权等9类产权纳入交易范围，并实行前两年免收交易服务费的优惠措施。

三是建立交易监督管理机构。成立市、县区农村产权交易监督管理委员会，负责农村产权交易的协调、指导和监督管理，着力规范农村产权交易。

2.2.4 推行“三化”模式

在市中区尚腾新村、隆昌县三台村等地探索形成了承包土地股权化、集体资产股份化、农村资源资本化“三化”模式，构建新型农村合作经济组织，创新农户和集体资产权益实现新方式，增强农民持续增收能力。

承包土地股权化，就是农民自愿以承包地入股成立合作社，由合作社统一对外流转土地，发展规模经营。合作社对农户按承包地面积和人头配发股权，并发放股权证、按股分红。

集体资产股份化，就是成立集体资产管理公司，村集体和村民小组自愿将山坪塘、集体建设用地等作价入股，公司将股份按人头配发给农民，并发放股权证，经营收益按股分红。

农村资源资本化，就是引进市场主体，与集体资产经营管理公司合作，进行乡村旅游或特色产业开发，收益分成。

“三化”模式实现了农村生产方式从分散向集中、从传统向现代的转变，既让农民获得土地流转收益、股份分红、务工收入，又缓解了改革中有户无地的矛盾。

2.2.5 推行农业BOT机制

借鉴基础设施“建设—经营—转让”模式，在全省首开先河，推行农业BOT机制，即业主租用农民土地全额投资建设农业基地，业主与农民共同入股成立合作社，政府对业主分年度给予一定比例的租金补偿，业主返聘农民作为产业工人；业主经营一定年限后，将产业基地无偿返还给农民，合作社负责基地的管理，业主负责按保护价收购。

威远县充分运用农村产权制度改革成果，率先在新店、向义等镇推行农业 BOT，大力发展无花果产业，初步建成了万亩无花果基地，年产鲜果 10000 吨，果干、果脯、果茶 5000 吨，初步形成了种植、收购、加工、销售一条龙产业链。前五年由企业统一经营管理，农民代为管护，五年后企业将盛产的无花果无偿移交给农民自主管理，并对农民按保护价收购，提高了业主和农户流转土地的积极性，解决了农民单家独户耕种、土地难以规模化经营的问题，带动了农民多重增收，实现了农村发展、农民受益、企业得利的多赢局面（见附录）。

2.3　内江农村产权制度改革初见成效

2.3.1　土地改革稳步推进

一是开展五权同确，采用“航拍 + 调绘 + 实测 + 五步工作法”，全面完成了全区 128 个村集体土地、承包地、宅基地、林地、农房的确权颁证工作，为开展抵押、担保、转让和退出奠定了基础。通过实测和入户调查，摸清了农村土地、人口现状。二轮承包登记的耕地面积为 61.4 万亩，本次实测面积为 86.1 万亩，测涨了 24.7 万亩，解决了诸如“产量亩”、计税面积与实际面积不符等问题；全市通过交易平台流转承包土地 6055 亩、流转金额 2280 万元，4832 亩承包土地挂牌公告待流转。

二是坚持项目引领，选择交通方便、基础较好的朝阳镇洪家寺村、凌家镇盘龙寺村等 6 个村 19226 亩作为试点。

三是建立工作机制，制定了农房转让登记管理办法，建立了 300 万元的抵押融资风险补偿金，允许农房在全区范围内农户之间跨区域买卖。

2.3.2　大力推广“三化”模式

一是承包土地股权化。鼓励农民自愿以承包土地入股成立合作社，由合作社统一对外流转土地，发展规模经营，农民按股分红。

二是集体资产股份化。成立村组集体资产管理公司，村集体和村民小组自愿将山坪塘、集体建设用地、集体经营性用房等作价入股，农民按户籍人口分配股份。

三是农村资源资本化。引导集体资产管理公司与工商资本合作发展现代农业，集体资产管理公司用土地等资源入股，工商资本用现金入股，经营利润由集体资产管理公司按股份分配给农民。2015年8月起开始给入股村民兑现100万元分红。

2.3.3 加快发展农村电商

一是搭建“两个”平台，打造了四川省首个农产品数据化智能供应链服务平台，整合本地农副产品，统一标准、包装、品牌对外推广销售。

二是建立运营体系，建成了农村电商区级运营中心，2016年全区所有行政村将实现全覆盖，初步形成了“区级运营中心+村级服务站+物流配送”为一体的配送体系。

三是加强扶持引导。制定了《关于加快电子商务发展的意见》，设立了300万元专项资金。

2.3.4 规范开展资金互助

组建了江龙水产养殖专业合作社等全省首批农村资金互助社，解决了社员生产经营融资难的问题。

一是封闭运行。互助社只在社员内部开展存贷款业务，且只能用于水产养殖。同时，互助社还对养殖户从投苗到成鱼出售进行指导，减少养殖风险。

二是强化监管。建立了100万元区财政风险补偿金，互助社制定了内部管理制度和风控预案，定期对存贷款业务进行指导与核查，确保运营规范。

三是互助共赢。在社员内部实行生产资料集中采购，养殖保险统一购买，统一品牌，统一销售。

2.3.5 促进了农民增收

把保障和维护农民权益放在首位，既注重产村相融，推动农村生产方式从分散向集中、从传统向现代的转变，又带动农民实现了土地租金、合作社股金、管护薪金等多重增收。在威远县推行农业BOT，形成了无花果种植、收购、加工、销售一条龙产业链，培育壮大了特色产业，既让农民学到了种植技术，又提高了“四项”收入；在市中区、隆昌县推行“三化”模式，创新了农户和集体资产权益实现新方式，增强了农民持续增收能力。

3 内江农村产权制度改革存在的困难和问题

3.1 资金压力巨大

农村土地产权制度改革的目的是推进土地流转，实现农村土地规模化、集约化的经营，而大量农村剩余劳动力的出现是农村产权改革面临的重要成本。

一是安置成本，如内江市在土地流转中，一个农民进城的安置成本是15万，如果按50万农民在土地流转中需要转变成为城市居民，那么内江市将需要750亿左右的安置费用，这无疑是一个巨额成本。

二是就业成本，目前内江市有大量的农业劳动力需要转移，而城市劳动力市场整体上出于供大于求的状况，富余劳动力可能成为新一代的农村无业游民，从而对农村的社会稳定造成威胁。

三是前期基础工作成本，以隆昌县为例，要全面完成全县的确权颁证工作，初步估算仅测绘经费就需要7000万元，而该县2012年财政一般预算收入仅为4.48亿元，预计内江市完成农村产权制度改革前期工作成本在5亿元左右，资金缺口巨大。

3.2 法律法规制约

《宪法》《民法通则》《土地管理法》《农村土地承包法》等都有关于农民土地经营权问题的规定，但相关内容和行使程序不够具体明确，过于笼统，在实践中缺乏一定的操作性，侵权行为屡见不鲜，经营者在资金、技术、劳动等方面的长期投入缺乏稳定的预期，从而导致经营者积极性下降。实际上，任何一项改革都将涉及对现有法律法规的突破。

比如《中华人民共和国土地管理法》规定，农村集体建设用地只允许由本集体经济组织及其成员自用，农村集体经济组织不得以任何方式转让非农建设用地；《中华人民共和国担保法》规定，土地所有权以及耕地、宅基地等集体所有的土地使用权不得抵押。现行法律制约了集体建设用地流转、农村产权抵押融资，增大了改革难度。

再比如，绝大部分林地实测面积会有不同程度的增加，但现有退耕还林政策仍按习惯面积进行补偿，这些规定也会影响改革推进。

3.3 农村产权流转保护难

在坚持集体所有制前提下，通过利益固化或成员固化方式，在制度上让农民成为农村产权的实际占有者，仅是解决了产权的初始化配置问题，而要实现农村产权在农村内部甚至城乡之间的充分流转和优化配置，就必须提高农村产权的可交易性和流动性。

在土地流转的实际操作中，大规模的土地流转可能会促使土地向专业种植大户、土地合作社、家庭农场等过于集中，会导致部分农民失地或者损害农民利益行为的发生。为此，一方面要落实诸如继承权、土地使用、抵押贷款等权能，构建尊重和保护农村产权的排他性、可交易性的配套制度支持，并通过相应的组织形态创新降低产权交易的成本；另一方面，要建立健全相应的农村产权保护制度，防止非农主体利用农村产权改革之机侵蚀、抢占农民的权益。

从全国部分地区的情况来看，由于缺乏规范的流转机制和监督处理机制，在土地的实际流转过程中，流转不规范，损害农民利益行为时常发生。就这两方面而言，内江农村产权制度改革的任务还十分艰巨。

3.4 配套政策支撑不够

农村产权制度改革须有一系列配套政策做支撑，但内江目前还存在内部和外部两个方面的制约。就内部而言，虽然出台了农村产权制度改革方案及确权颁证、民主治理、户籍制度等相关导则、意见，但产权流转、集体建设用地使用、集体经济组织建设、土地股份合作社发展、外来资本介入、农村产权抵押等相关政策还不够系列化、配套化；就外部而言，由于内江受全国全省统筹城乡改革和农村产权制度改革大环境制约，改革能够突破的空间有限。

比如，在社会保障方面。由于没有一个较为完善的城乡一致的社会保障制度，土地流转后导致农民向城镇集中，在解决向城镇集中的农民的社会保障问题上，可持续大规模保障可能存在较大风险。

再比如在户籍制度方面，虽然目前取消了农业户口和非农业户口的二元户籍制度，但长期以来所形成的附加在户口上的教育、卫生、就业等待遇上的城乡差别，在短期内难以消除。

思考题

1. 在内江市市中区农村产权制度改革中，利益相关方有哪些？他们各自的目标是什么？

2. BOT 作为 PPP 的一种模式，有哪些优缺点？

3. 如果您是内江市市中区的领导，您会从哪些方面进一步推动该区的农村改革试验工作？

附录

农业BOT机制

BOT（Build-Operate-Transfer），即“建设—经营—转让”。农业BOT借鉴其他行业的BOT模式，一般由龙头企业或专合社自己融资来设计、建设项目，经营一段时间后收回投资，经营期满后，项目所有权或经营权又交回给农户，是创新和探索加快农业产业化发展的一种新模式。[2]

多年以来，威远县在探索现代农业发展过程中，常采取行政命令说教、干部开会动员等方式，推动产业成片发展，但往往是一年栽，二年毁。业主单独流转几百亩土地成片发展产业，在市场行情好、不遇到自然灾害的时候能盈利，一旦遇到市场行情差或自然灾害就会亏本。在种植无花果的地方，老百姓为图眼前利益，大量间种玉米、小麦、豇豆等高秆作物和藤蔓植物，阻碍了无花果产业发展。

为发展壮大无花果产业，新店镇石坪村探索实施农业BOT模式。该模式的核心是：业主流转土地，有限年限经营，政府部分补助，无偿移交专合组织并签订收购订单。一是业主有效年限流转土地。种植业主流转土地栽植无花果，经营期限为五年。经营期间，种植业主直接向农民支付土地流转租金，无花果种植收益全部归业主所有。第六年经营期满后，种植业主将盛产的无花果无偿移交给农民或专合组织，并与专合组织或种植农户签订无花果收购订单。二是政府补助土地流转费。前三年政府对业主流转的土地租金实行部分补助：第一年政府补助业主流转土地租金的100%，第二年补助80%，第三年补助60%。第四年、第五年由业主全部支付土地流转租金。通过政府补助部分土地流转租金，降低了无花果挂果前的业主经营投资风险，调动了业主发展产业的积极性。三是无偿移交农民或专合组织。

以1000亩土地为例，按500元/亩的土地流转费计算，第一年业主支付土地流转费（50万）、管护费（320元/亩，共32万）、种苗费（600元/亩，共60万）、化肥农药（1元/株，共11万）等费用共计153万，政府补助土地流转费50万，业主实际投入103万；第二年，业主支付土地流转费（50万）、管护费（320元/亩，共32万）、化肥农药（2元/株，共22万）、采果费（0.5元/斤，共5万）等费用共计109万，鲜果产出收益20万（收青果100斤/亩，按最低收购价2元/斤计算），政府补助土地流转费40万，业主实际投入49万；第三年，业主支付土地流转费（50万）、管护费（320元/亩，共32万）、化肥农药（3元/株，共33万）、采果费（0.5元/斤，共75万）等费用共计190万，此时无花果进入盛产期，鲜果产出收益300万（亩产1500斤，按最低收购价2元/斤计算），政府补助土地流转费30万，业主实际收益140万，基本上可以收回投资。前三年，政府总投入120万，业主投入312万。第四年，业主支付土地流转费（50万）、管护费（320元/亩，共32万）、化肥农药（3元/株，共33万）、采果费（0.5元/斤，共125万）等费用共计240万，鲜果产出收益500万（亩产2500斤，按最低收购价2元/斤计算），业主实际收益260万；第五年，业主支付土地流转费（50万）、管护费（320元/亩，共32万）、化肥农药（3元/株，共33万）、采果费（0.5元/斤，共150万）等费用共计265万，鲜果产出收益达600万（亩产3000斤，按最低收购价2元/斤计算），业主实际收益335万。

目前，无花果种植面积约1.5万亩，初步形成了“种植—收购—加工—销售”一条龙产业链。基地现已发展种植户5000户，种植面积和生产规模位居全省第一。规划到2015年无花果种植面积达到5万亩，产量达到5万吨，带动农户1万户，产值达到2亿元，农民人均增收1000元以上。

通过“农业BOT”这种创新的农业经营方式，鼓励承包经营权向农业企业流转，发展规模经营，带动了产业成片发展和农民持续增收。一是土地规模经营。通过成立四方产权交易服务中心，完善农村产权交易服务体系，促进了土地规范化流转和规模化经营，土地流转价格每亩平均提高200元以上。二是农民务工增收。农户每年可收入230~600元/亩的土地流转费。通过引导农民就近到种植基地务工，务工人员每人每年可增加工资性收入约1.2万元。三是产业连片发展。农业BOT模式有效解决了单家独户的农民很难成片发展现代农业的问题，促进了现代农业集中连片发展。四是培养新型农民。业主经营期间，聘请农户管护，按每亩320元/年支付管护费，农户务工的同时可以学习栽培和管理技术，到第六年接手时，能熟练掌握无花果的栽培技术，自行经营管理。其间，农户可在无花果下间套种花生、紫薯、大头菜等矮秆经济作物，以短养长，收益全归本户。五是分散业主风险。前三年无花果没有盛产前，政府对土地流转费用给予一定补助，减轻业主资金压力，解决了挂果前的经营投资风险，同时分散了自然灾害、市场行情差等老大难问题带来的风险。六是集中有效管理。无花果等现代农业集中连片发展后，农业、林业等部门便于集中提供技术指导和服务，加快推动传统农业向现代农业转变。

主要参考文献

[1] 李淼.我省四地纳入全国第二批农村改革试验[N].四川日报,2014-12-08.

[2] 中共威远县委宣传部.威远农业 BOT 模式开启产业化经营新模式[EB/OL].(2013-11-18)[2015-10-10].http://www.scwy.cn/2013-11/18/818-2955-22443.htm.

公共政策经典案例选评

（下册）

欧朝敏　杨清清　刘　燕　主编

国防科技大学出版社
·长沙·

图书在版编目(CIP)数据

公共政策经典案例选评/欧朝敏,杨清清,刘燕主编.—长沙:国防科技大学出版社,2016.1

(领导与管理系列)

ISBN 978-7-5673-0427-7

Ⅰ.①公… Ⅱ.①欧…②杨…③刘… Ⅲ.①政策分析 Ⅳ.①D0

中国版本图书馆 CIP 数据核字(2015)第 295810 号

国防科技大学出版社出版发行

电话:(0731)84572640 邮政编码:410073

http://www.gfkdcbs.com

责任编辑:周 蓉 责任校对:邹思思

新华书店总店北京发行所经销

国防科技大学印刷厂印装

*

开本:787×960 1/16 印张:13 字数:182 千

2016 年 1 月第 1 版第 1 次印刷 印数:1-1500 册

ISBN 978-7-5673-0427-7

定价:25.00 元(含上、下册)

感谢国防科技大学 MPA 一流课程体系重点建设项目，国防科技大学军队行政管理与危机管理 MOOC 课程体系重点建设项目，国家自然科学基金项目“基于多元社会网络的恐怖组织瓦解研究”（编号：71303251）的资助。

欧朝敏 国防科技大学信息系统与管理学院副教授，经济学博士，公共管理与工商管理教研室主任，硕士研究生导师。新加坡国立大学、英国伯明翰大学访问学者，湖南省行政管理学会理事。主要从事公共经济政策和危机管理方面的研究，发表论文20余篇。

杨清清 国防科技大学信息系统与管理学院讲师，管理学博士。主要从事公共政策分析方面的教学研究，主持完成国家自然科学基金项目1项，国防基础科研项目和省级课题10余项，在国内外核心刊物发表论文20余篇。

刘 燕 国防科技大学信息系统与管理学院副教授，管理学博士。主要从事人力资源绩效管理、服务质量评价、满意度评估等方面的研究，主持国家自然科学基金项目1项；长期从事管理类课程教学。

前　言

作为高校教师，我们在课堂上使用案例，也尝试编写案例。一直以来，都想总结和反思在这方面的体会。有幸获得项目资助，有了这么一个宝贵的机会。我们精选了一些公共政策领域的典型案例，案例涉及军队和地方政府，覆盖公共政策分析的全过程，即政策制定、政策执行、政策评估和政策调整。

为了提高本书所编案例的可操作性，除了案例正文（上册）之外，我们还撰写了教学手册（下册），把我们对案例的理解与大家分享。教员可以根据需要，灵活使用上、下册。上册包括“中队长的困惑”“学员公共任务的分配”“改革开放以来中国的军费支出”“‘棱镜’计划，将何去何从?”“汽车限购令该不该继续?”“法定节假日谁说了算?”“一张名片引发的千万税款”“教师绩效工资改革为何掌声不多?”“醴陵市网格化管理”“四川省内江市农村产权制度改革”等十个案例。下册是十个案例相应的教学手册，包括每一个案例的教学目标、使用步骤、要点分析和所需要的条件等。

本书得以出版，离不开很多人的无私贡献。首先感谢可爱的学员们，他们除了直接撰写部分案例之外，还作为案例的首批读者，对案例提出了很多建设性的意见。其次感谢国防科技大学出版社的老师们，特别是徐飞编审和周蓉编辑，他们高水平的职业素养为本书增色不少，大到案例的代表性，小到格式和标点符号，都与我们进行了有益的探讨。

由于水平有限，书中难免存在不足，敬希读者批评指正。如果您有任何宝贵意见，请与我们联系，电子邮箱：ouchm@163. com。

期待您和我们一起领略案例的精彩！

作　者

2016 年 1 月

目录(教学手册)

中队长的困惑*

1 课前准备

（1）复习危机管理公共政策制定、公共政策执行、公共伦理等相关理论知识。

（2）查阅我国《武警法》等相关资料，了解我国武警职责、调兵权限等情况。

（3）提前阅读案例材料《中队长的困惑》，并分组讨论，就案例讨论问题提交小组报告。

（4）随机分组，组员以6～8人为宜，每组民主选举组长，讨论结束后由组长汇报小组讨论情况。

2 适用对象

本案例可用于危机管理课程和公共政策分析课程中的公共政策制定、公共政策执行、公共伦理等主题的教学中。

3 教学目标

通过对《中队长的困惑》案例的互动探讨，以期达到三个目

---

* 由杨清清编写。

标：目标一，通过案例深入剖析我国危机处理中存在的问题；目标二，剖析在危机处理政策执行过程中存在的问题及影响因素分析；目标三，探讨危机处理政策制定过程中政策行动主体面对的矛盾，以及怎样更好地制定和有效执行政策。

4 要点分析

类似于案例中劫持人质这样的公共危机事件最近越来越多，对社会秩序的破坏程度大，迫使作为公共管理系统核心的政府、军警必须在极短的时间里迅速做出反应，采取各项措施，尽快确保社会秩序的稳定。公共危机管理给公共政策的制定提出了新的特殊要求。现时期，政府公共危机管理的核心就在于如何在危机的情境下科学合理地制定公共政策，并有效执行。公共危机具有突发性、不可预测性、紧急性等特点，这一决策形势对政府公共政策的制定者提出了诸多严格和苛刻的要求。[1]

4.1 要点分析一：政策制定的困境

4.1.1 决策者情报的掌握

科学制定政策的起点是及时准确地收集各种实时信息，并对收集到的信息及时辨别和分析。然而，在这一时期，发生的危机还并未完全暴露，对信息的收集存在很大的难度，另外，信息的准确性也难以保证。一方面，决策者可能会延误时机，错失解决危机的最好时机；另一方面，如果盲目地出台政策，到最后可能不但于事无补，反而可能加重危机的蔓延。

4.1.2 方案规划滞后与形势多变的矛盾

由于危机的爆发往往具有突发性和紧急性，这就决定了政府决策部门必须在极短的时间内，在不能完全掌握真实情况以及资源有限的条件下迅速做出重大决策和做出快速的反应。大众及媒体强烈的政策诉求给政策制定者巨大的社会压力和舆论压力，以及危机发展具有动态、模糊和多变的特点，往往使政策的制定落后于多变的危机发展。另外，危机发生后，政策制定者在主观上很容易出现“群体盲思”。

4.1.3 政策制定周期与危机发展周期的不协调

在公共危机发展的各个阶段，都会呈现不同的特点。因此，在处理危机时，可以根据不同的特点来制定不同的政策。由于危机的发展与公共政策的制定是一种动态的关系，因此有许多危机的产生都或多或少甚至完全与公共政策的失误有着密切的联系。这种危机发展周期与政策制定周期的不协调，很容易导致公共政策的制定很难完全有效地应对公共危机的发展。[2]

4.2 要点分析二：不断优化公共政策的制定系统

公共危机对于政府或者军队来说，有时反而能够成为改进和完善公共政策的外部动力。这个案例已经过去 11 年时间，该中队长也早已不在原来的工作岗位，但是，这件事情仍然对他产生了很大的影响，引发了他的思考。现今政策的制定系统是存在诸多固有的缺陷的，如受到官僚思维的影响，组织体系的制约，固有管理模式的局限，过往经验的迷信，等等。这些固有的缺陷导致在制定公共政策时，会在分析判断上出现很多“困惑”，往往会出现应急反应迟缓，跨部门协调动员机制不顺畅，在应急管理中各部门职责的划分、应急响应过程中各部门的衔接配合等方面，缺乏统一明确的界定，没有形成职责明确、规范有序的分级响应体制，不能适应公共危机决策的非程序化和非常规化要求。[3] 所以，危机决策者要努力改变自己固有的认知模式，不断提升自身的逻辑推理能力，鼓励思维的创新和多元化，充分发挥政策制定系统的积极性和创造性。在危机来临时，如何在较短的时间内制定出科学的公共政策？作为危机处理的负责人要有一个明确的目标，这样才会在政策制定中切中要害。

4.3 要点分析三：危机管理中政策的合法化才是政策有效执行的唯一利器

政策的合法化是公共政策制定的最后一个环节，是法定主体为使政策方案获得合法地位而依照法定的权限和程序所实施的一系列审查、通过、批准、签署和颁布政策的行为过程。虽然危机事件相对于日常事务管理，具有非常态性和突发性，但是作为危机事件的政策不能超越现有的制度和法律。具有权威性的政策，才能使之得到有效的执行，从而减少政策在实际运行中的阻力。鉴于危机管理中政策实施上的“时效”，危机时期的政策合法化和平时的政策合法化相比，有其特殊之处：

其一，公共部门内部应进行有效的沟通，整合内部的人力和物力资源，提高政策合法化的效率。危机面前，公共部门内部首先应达成一致，相互信任，为了使危机尽快得到妥善解决，相关部门必须密切配合，在各自的权限和职责内进行有效的沟通和整合，为政策合法化创造良好的条件。公共政策合法化的时间越短，就越能在处理危机问题中赢得主动，为公共部门树立良好的社会形象。

其二，考虑建立公共危机管理中政策合法化的“权变”程序。政策合法化的“权变”程序是相对于政策获得合法地位的特定步骤、次序和方式而言，在危机面前，在法律制度规定的权限内，政策合法化的主体可以在政策合法化的权限内，在程序上有选择的余地，不至于让政策在危机面前僵化失效。危机事件具有突发性、不可预见性和时效性，政策合法化依凭一种固定的运行模式和程序可能会影响到政策的实施。因此，寻求政策合法化在制度上的严肃性和灵活性的结合点是一个亟待解决的问题。

5 课堂安排

（1）预读案例（10 分钟）。

（2）小组讨论准备（15 分钟）。

（3）问题探讨（50 分钟）。

探讨问题一：中队长的困惑是什么？（10 分钟）

探讨问题二：我国在公共危机处理中存在什么问题？（10 分钟）

探讨问题三：怎么才能更有效地制定和执行公共危机政策？（15 分钟）

探讨问题四：如果你是中队长，你会怎么做？（15 分钟）

（4）小组观点总结汇报（10 分钟）。

（5）案例点评（10 分钟）。

6 其他教学支持

案例研讨教室桌椅可以自由活动；准备多媒体设备、音响、黑板（软板）、摄像机。

主要参考文献

[1] 格斯顿. 公共政策的制定:程序和原理[M]. 朱子文,译. 重庆:重庆出版社,2001:36.

[2] 张索非. 科学制定公共政策，搞好公共危机管理[J]. 决策与信息旬刊,2011(6):237－238.

[3] 张文风. 政府危机管理中的公共政策制定[J]. 福州党校学报，2004(1):27－30.

学员公共任务的分配*

1 课前准备

根据情况将学员分为几个小组，每个小组以 6～8 人为宜，指定 1 名学员为小组组长，由他组织本小组的研讨活动。组员在讨论中扮演不同的角色，至少应包括如下角色：队干部、学员行政骨干、学员非行政骨干、学员。

2 适用对象

本案例适用对象为公共管理学科的研究生，学员应已修完公共管理学课程。

3 教学目标

（1）掌握公共政策问题的内涵。
（2）理解公共政策执行的程序。
（3）理解公共政策调整的内容和原因。

---

* 由欧朝敏编写。

4 要点分析

4.1 《分队公共任务分配办法（试行）》产生的原因

在大学，或多或少有一些公共任务需要学员去完成，并由学员负责人分配，如打扫公共区域卫生等。学员负责人分配公共任务是一件比较困难的事情，其中原因当然是多方面的，有学员喜欢讲公平与不公平的原因，也有来自学员的负责人自身管理领导能力不够的原因，当然也有奖惩机制不完善的原因。如果学员公共任务分配长期不能得到妥善的解决，会不利于整个团队的健康发展。在公共事务管理中，当一个问题个人力量难以解决，人民普遍感受到这个问题难以接受、难以忍受，需要受到更多人的关注，同时政府也有能力解决时，这个问题就成了一个公共政策问题。学员公共任务的分配这一问题具备上述特征，因此成为学员队的公共政策问题。

并不是所有的公共问题都能成为公共政策问题，只有当公共权力主体意识到公共问题已经妨碍社会发展，意识到公众的公意性并认同公众的这种政策要求时，该问题才能成为公共政策问题。一个问题成为公共政策问题的主要途径有四个：领导人讲话、媒体报道、民意表达和政策主体察觉。在本案例中，作为学员骨干的小李，是学员公共任务分配的政策主体，在工作中发现了学员公共任务分配难这一问题，并尝试通过制定分配办法来解决这个问题。

4.2 执行《分队公共任务分配办法（试行）》所采取的步骤

制定出《分队公共任务分配办法（试行）》之后，小李将其发到微信群里向大家公布并征求意见，并声明大家如有意见，随时可以提出。该《办法》征求完意见，大家无异议之后开始执行。《办法》执行一段时间后，小李发现虽然在一定程度上改变了公共任务分配的现状，但是也逐渐暴露出了一些问题。仔细分析导致这些问题的原因，有些是《办法》自身不完善导致的，如只有行政骨干分配的公共任务才进行登记；也有执行程序不完善导致的，如因为没有进行很好的政策宣传。

完备的公共政策执行程序包括政策宣传、政策分解、政策准备和全面实施等环节。如果缺失了某一个或几个环节，政策执行的效果就会大打折扣。要使政策得到有效执行，首先必须统一人们的思想认识，政策宣传就是统一人们思想认识的一个有效手段。在本案例中，小李虽然开展了政策宣传，将分配办法发到微信群里。但由于公共任务分配是一个涉及每个学员切身利益的“大事”，仅仅发到微信群里公示就显得不够。小李应该采用能够传达更丰富信息的宣传渠道，如开学员大会进行面对面的解释。在修订《办法》时，小李采用了开大会这一宣传渠道开展政策宣传，获得了良好的效果。

4.3 《分队公共任务分配办法（试行）》的修订

经过多次讨论，较之试行办法，《分队公共任务分配办法》在如下方面进行了修订：一是关于公共任务分配的统计。除了统计次数之外，每一次任务也注明内容。二是关于公共任务分配执行的程序。要优化公共任务分配程序，干部与骨干、骨干与骨干之间要加强沟通。学员完成了公共任务，可以自己向登记人员报告，避免漏登记。三是关于非行政骨干安排公共任务。采取一个折中的方案，就是非行政骨干不直接分配公共任务，如果需要分配时，就向行政骨干说明，由行政骨干统一安排。

公共政策执行一段时间之后，需要对其进行评估，根据评估的结果，如有必要就需调整政策。导致公共政策进行调整的原因很多，可以分为主观原因和客观原因两类。客观原因主要是政策环境和政策问题本身发生了变化，如社会的政治、经济和文化发生变化。主观原因是政策主体对政策环境、政策问题和政策规划方案的认识发生了变化。在本案例中，在《分队公共任务分配办法（试行）》执行了一段时间后，小李进行非正式政策评估后，意识到试行办法有局限性，所以推动对其进行修订和调整。

公共政策调整包括对政策目标进行校正、修订或再确立，对政策方案进行修订和完善，也包括对政策主客体进行调整。在本案例中，最终的《分队公共任务分配办法》所进行的调整，既有政策方案的修订和完善，如公共任务分配的统计，也有政策主客体的调整，如在一定程度上将非行政骨干承担的公共任务分配也纳入了办法的规定。

5　课堂安排

本案例讨论约 90 分钟，具体安排如下：

（1）课堂前言（5 分钟）。教员简明扼要地明确主题和提出相关要求。

（2）阅读案例（10 分钟）。组织学员阅读案例材料并要求独自思考案例后的思考题。

（3）分组讨论（25 分钟）。由各个小组撰写发言大纲，并用彩笔写在大白纸上。教员此时须留意小组讨论情况，应及时制止小组讨论与课堂无关的内容。在剩余 5 分钟时应提醒小组要及时形成发言大纲。

（4）小组发言（30 分钟）。

（5）引导总结（20 分钟）。教员引导全班同学进一步讨论，然后总结小组讨论及发言的情况，并简单阐述相关理论。

6　其他教学支持

教室的桌椅可以自由移动；有可以自由移动的黑板；为每个小组提供 5 张大的白纸和 1 支彩笔。

改革开放以来中国的军费支出*

1　课前准备

根据情况将学员分为几个小组，每个小组以 6～8 人为宜，应指定 1 名学员为小组组长，由其组织本小组的研讨活动。

2　适用对象

本案例适用对象为公共管理学科的研究生，学员应已修完公共经济学和公共管理学课程。

3　教学目标

（1）掌握影响公共政策制定的主要因素。

（2）理解公共政策评估的标准、方法。

（3）理解公共政策调整的内容，以及公共政策变迁的基本模式。

---

* 由欧朝敏编写。

4 要点分析

4.1 军费支出的内涵

所谓军费，就是国家用于国防建设和战争的专项费用。世界各国每年都会按惯例公布本年度的国防预算，一些国际研究机构也会对世界主要大国的军费支出做出评估和测算，如国际货币基金组织（IMF）和斯德哥尔摩国际和平研究所（SIPRI）等。即使是学术界，也没有对军费支出的具体内涵达成一致，不同的研究机构对军费支出的定义更不尽相同。如SIPRI认为，只要有可能，军费开支数据应包括所有目前用于武装部队和国防活动的开支和资产。

按照SIPRI的界定，在我国每年所公布军费支出的基础上，武器出口收入等应该纳入军费支出的范畴，美国也应该把核武器的研发和维护这一部分费用计入所公布的军费支出之内。实际上，在我国所公布的军费支出中，有一部分并没有直接用于国防建设和战争，如在这其中就包含了军人子女教育这方面的支出。

4.2 决定军费支出的主要因素

一项公共政策问题进入议程之后，便进行方案规划。此时必须考虑一定的原则（如系统协调原则、稳定可调原则、民主参与原则和可行性原则等）和政策因素（主要是价值因素、政治因素、目标的多重性及其冲突等）。不同的个人、集团、阶层或者阶级具有不同的或者根本对立的价值观，在进行规划时就得考虑政策所涉及的各利益相关团体的价值观，以及谁的价值观在起主导作用。同时，在确定政策目标时，也要考虑决策者的政治立场和政治需要以及各个利益集团对政策目标的影响。

在决定军费支出时，主要考虑的影响因素包括国民经济发展水平的高低、国家管辖控制的范围大小及自然环境、国防战略和国际政治形势的变化。由此不难理解，为什么美国的军费支出长期以来约占世界军费支出总数的一半，世界排名第一。同样，正是因为影响因素的变化和要求，我国的军费支出近年来才需要保持较快的增长。

4.3　军费支出对国民经济发展的作用

公共政策执行一段时间之后，需要对其进行评估。政策评估的方法包括定量评估方法（如实验法）和定性评估方法（如德尔菲函询法）。政策评估是一个事实判断和技术判断的过程，又是一个价值判断的过程。因此政策评估须遵循事实标准、技术标准和价值标准三大标准。事实标准主要是衡量政策效率、政策效益、政策影响和政策的回应性。技术标准主要包括多样性、系统性和数量性。价值标准主要体现在社会生产力、社会公正和社会可持续发展三个方面。军费支出对国民经济发展的作用是公共政策评估的具体应用。从评估的结果看，军费开支对经济增长既有促进作用，也有阻碍作用。

在一定条件下，军费开支可有效地促进国民经济的发展。它主要表现在以下几个方面：一是军费保障国防建设需要，促进经济实力向军事实力转化。强大的军事实力给国家带来稳定的国家安全，给国民经济发展提供安全稳定的环境，从而促进国民经济建设的发展。二是军费具有调节供需平衡的作用，军费作为政府开支的重要组成部分，当需求不足，市场疲软时，增加军费开支，可以使市场向国防部门倾斜，有利于刺激市场需求，拉动经济增长。三是军费用于科学技术研究、基础设施建设和人才培养部分，虽然目的是用于军事，但通过军民融合发展，对民用经济也会产生巨大作用。

军费对经济增长的阻碍作用，主要表现在：一是军费的本质是非生产性的，过多地占用社会资源，必然削弱国家经济的基础。二是军费开支使社会生产受到限制，排斥生产性投资，抑制其他领域的发展。三是高额军费不可避免会产生高税收，而高税收又会影响纳税部门的生产积极性，对经济产生不利影响。

根据评估的结果，如有必要就须调整政策。公共政策调整可以是对政策目标进行校正、修订或再确立，对政策方案进行修订和完善，也可以是对政策主客体的调整。公共政策变迁有渐进式变迁和突变式变迁两种模式，我国在1978年之后决定以经济建设为中心，要求“军队要忍耐”，这时的军费支出政策呈现的是突变式变迁的特征。

5　课堂安排

本案例讨论约90分钟，具体安排如下：

（1）课堂前言（5分钟）。教员简明扼要地明确主题和提出相关要求。

（2）阅读案例（10分钟）。组织学员阅读案例材料并要求独自思考案例后的思考题。

（3）分组讨论（25分钟）。由各个小组撰写发言大纲，并用彩笔写在大白纸上。教员此时须留意小组讨论情况，应及时制止小组讨论与课堂无关的内容。在剩余5分钟时应提醒小组要及时形成发言大纲。

（4）小组发言（30分钟）。

（5）引导总结（20分钟）。教员引导全班同学进一步讨论，然后总结小组讨论及发言的情况，并简单阐述相关理论。

课后计划：请各个小组形成本小组关于中国未来军费支出政策的方案。

6　其他教学支持

教室的桌椅可以自由移动；有可以自由移动的黑板；为每个小组提供5张大的白纸和1支彩笔。

“棱镜”计划，将何去何从？*

1 课前准备

根据情况将学员分为几个小组，每个小组以7~8人为宜。让每个组员扮演一个角色，至少包括总统、国务卿、国防部长、参议院院长或众议院院长、美国联邦调查局长、美国中央情报局长、新闻发言人等角色。

2 适用对象

本案例适用对象为公共管理学科的研究生，学员应已修完危机管理和公共管理学课程。

3 教学目标

（1）掌握制定公共政策的目标，学会处理多重矛盾之间的关系，如遵守公共伦理价值与目标效率之间的关系。

（2）理解公共政策工具和公共政策目标之间的关系。

---

* 由欧朝敏编写，杨清清和刘燕参与了资料的收集和整理。本案例参加了第一届全国MPA教学案例入库评选活动，并成功入选，现已根据本书的要求进行了修改。

（3）理解危机决策的特点及应遵循的原则。

4　要点分析

4.1　根据美国刑事监听政策的演变过程及“棱镜”计划引发的抗议，分析制定公共政策所追求目标的变化

在制定公共政策时，往往具有多重政策目标。需要明确的是，这些目标之间往往是矛盾的。比如在制定刑事监听政策时，有确保刑事监听的效果和保护公民的隐私权这两个基本的目标，这两个目标是矛盾的。既然无法同时实现矛盾的多重目标，那就只能实现主要目标，兼顾其他目标。在确定政策目标时，应主要考虑公共利益的需要，这需要准确理解公共利益是什么。从美国刑事监听政策的演变过程，可以看出公共利益内涵的变化。在本案例中公共利益的内涵为公民隐私权的保护。这一点也可以在整个世界，包括美国社会对“棱镜”计划的抗议中得到佐证。

4.2　“棱镜”计划拟实现政策目标的特殊性在哪里？

在制定公共政策时要弄清政策目标和政策工具之间的关系，政策工具的选择要服从于政策目标的实现。实施“棱镜”计划是为了更好地打击恐怖主义，维护社会的公共伦理价值和社会秩序。如果实施“棱镜”计划本身就严重损害了社会的公共伦理价值和社会秩序，反而帮助恐怖分子达到了他们实施暴恐袭击的目的，从而偏离了政策实施本来的目标。

4.3　奥巴马在应对危机时应注意什么原则？

危机本身具有破坏性、不确定性、紧迫性和公众性。“棱镜”计划引发的抗议在全球范围内迅速形成，严重影响了美国的国际关

系。如果处理得不好，其后果难以设想。在时间紧、资源有限的条件下，奥巴马应该遵循权力集中、短期目标优先和无等级协商等原则，迅速做出反应。

4.4 我国在完善刑事侦查政策时应注意什么？

要确保政策实施的效果和达到政策目标，政策本身要细致，要具有可操作性。从美国刑事监听政策实施情况可以得出，我国下一步还要根据一定的原则进一步细化刑事监听的主体、监听的内容和监听的程序等方面的内容，以确保实现政策目标。

5 课堂安排

本案例讨论约 90 分钟，具体安排如下：

（1）课堂前言（5 分钟）。教员简明扼要地明确主题和提出相关要求。

（2）阅读案例（10 分钟）。组织学员阅读案例材料并要求学员独自思考案例后的思考题。

（3）分组讨论（25 分钟）。由各个小组撰写发言大纲，并用彩笔写在大白纸上。教员此时须留意小组讨论情况，应及时制止小组讨论与课堂无关的内容。在剩余 5 分钟时应提醒小组要及时形成发言大纲。

（4）小组发言（30 分钟）。

（5）引导总结（20 分钟）。教员引导全班同学进一步讨论，然后总结小组讨论及发言的情况，并简单阐述相关理论。

课后计划：请各个小组形成本小组关于美国或中国修改刑事监听政策的方案。

6 其他教学支持

教室的桌椅可以自由移动；有可以自由移动的黑板；为每个小组提供5张大的白纸和1支彩笔，供向其他小组展示自己小组讨论的结果。

汽车限购令该不该继续?*

1 课前准备

（1）复习公共政策制定、公共政策执行、公共政策工具、政府公信力等相关理论知识。

（2）查阅各地汽车限购令的相关资料，了解我国不同地方汽车限购政策工具选择的差异。

（3）提前阅读案例材料《汽车限购令该不该继续?》，并分组讨论，就案例讨论问题提交小组报告。

（4）随机分组，组员以 6～8 人为宜，每组民主选举产生组长，由组长组织本小组的研讨活动。

2 适用对象

本案例可用于公共政策制定、公共政策执行、公共政策工具、政府公信力等课程主题的教学中。

---

* 由杨清清编写。

3　教学目标

通过对《汽车限购令该不该继续?》案例的互动探讨，以期达到三个目标：目标一，通过案例深入剖析我国拥堵存在的原因；目标二，剖析政府在治理拥堵时工具的选择以及存在的问题；目标三，探讨在汽车限购政策形成过程和程序中存在的问题。

4　要点分析

面对经济社会中出现的一些问题，政府的回应往往是做出一些激励性或限制性的对公众有着重大影响的公共决策。例如，政府出台的“住房限购令”以及案例中所描述的“汽车限购令”。但是这些治理政策在实施中似乎没有发挥应有的功效。那么，为何政策工具失灵？公共治理没有成效？政府在政策工具的选择上是否有失妥当？在形成决策的过程中是否考虑了决策的导向？这些决策建立的程序是否民主、科学？这些问题都需要公共政策的决策者们认真思考。

4.1　要点分析一：公共政策工具的选择

在政策规划和决策中，一个不可缺少的环节就是要选择合适的政策工具。缺乏政策工具的政策方案是无法进入政策的实际操作的。在政策执行中，如何选择政策工具，选择什么政策工具以及用什么标准来评价政策工具的效力等问题，对政策的有效执行和政策目标的顺利达成具有决定性的影响。

霍莱特和拉美什依据政策工具的强制性程度，将政策工具分为自愿性政策工具、强制性政策工具和混合性政策工具三类。[1] 如表1所示：

表1 政策工具图谱[1]

自愿性政策工具	强制性政策工具	混合型政策工具
家庭和社区	管制	信息和劝诫
自愿性组织	公共事业	补贴
私人市场	直接提供	产权拍卖
—	—	税收和使用费

不同的政策工具具有不同的特点，同一种政策工具在不同的政策过程和政策背景下也会发挥完全不同的功能。各地采用了不同的政策工具，大体可以归结为一类，即采用的是行政手段，如北京等地的总量控制摇号；另一类采用的是经济手段，如上海等地的号牌拍卖；有一些城市采用的是混合的政策工具，如广州等地采用的摇号+拍卖的方式。不论选择哪种手段都要认真考虑其优缺点以及对未来的影响。工具并不是孤立地发挥作用的，不同工具间会相互关联，相互影响，甚至相互冲突。因此，一些西方学者强调工具的整合研究，以避免单一工具研究的片面性。

4.2 要点分析二：公共政策决策程序与政府公信力

案例中可以看到杭州、广州、深圳等地，在没有任何信息披露的情况下，突然宣布实施汽车限购令，引发汽车市场震动，也引发市民的强烈关注。特殊情形下必要限度限购，具有现实合理性。但法理上的正当性，并不能赋予限购合法性，限购需要明确的法条依据。同时，除了限购在实体法上的依据，有关限购政策出台程序的正当性，也备受关注。在公众对程序的质疑中，政府解释：事前未举行听证会，也未征求市民意见，是考虑一旦公布限牌时间点，可能引起集中抢购、集中上牌，影响社会稳定和公平。但是其弊端也是明显的。一是漠视民意，加大了政府与民众的距离。交通出行和车辆限购，是一个与民众切身利益息息相关的问题，正常的做法是让民众知情或让民众参与，取得民众的配合和支持。二是相互敌对，在限购令出台的政策过程中，政府对民众抱有不信任态度，传递的是一种负能量。在相互敌视的情况下，政策执行的结果将是双输的局面。

接下来看限购政策的出台程序。之前每个限购的城市，几乎都有这方面的“硬伤”，深圳也不例外。2011 年 10 月 31 日，深圳市第五届人民代表大会常务委员会第十一次会议通过了《深圳经济特区道路交通安全管理条例》，第七十六条规定：“市政府可采取下列交通拥堵治理措施：（一）实行机动车保有量增量调控……。”第八十六条规定：“市政府及有关部门采取本条例……第七十六条规定的措施前，应当公告相关预案，听取公众意见。公告征求意见时间不得少于三十日。”但“公告相关预案”“听取公众意见”均未兑现。而从公布到实施仅仅 20 分钟的间隔，与“公告征求意见时间不得少于 30 日”的对比，尤其强烈。

关于政府依法决策机制，十八届四中全会《决定》也作了明确规划：“把公众参与、专家论证、风险评估、合法性审查、集体讨论决定确定为重大行政决策法定程序，确保决策制度科学、程序正当、过程公开、责任明确。建立行政机关内部重大决策合法性审查机制，未经合法性审查或经审查不合法的，不得提交讨论。”遗憾的是，各地限购政策是如何出台的，当地百姓知之甚少。

在依法治国的大背景下，一些地方政府做法非常值得反思。[2]

4.3 要点分析三：公共政策利益取向分析

公共政策所面对的利益关系，并不只是简单的公益与私益的对应关系，往往是多元的复杂利益关系。决策者在做出公共决策的过程中，应该权衡各种利益。为了保障政策的合法合理，人民应当拥有表达对相关政策意见的机会，以期不同阶层的利益能够得到保障。汽车限购令旨在缓解交通拥堵状况，落实公交优先战略，这是公共利益的体现。汽车限购实际上为汽车购买设定了一种额度或指标，并附加了一定的权益和义务。通过摇号的方式，为购车人施加了程序义务；拍卖的方式，为购车人增加了经济给付义务。尤其是通过拍卖的方式，地方政府会获得一笔收入，例如，上海市财政局公布 2010 年度政府非税收入中机动车额度拍卖收入为 41.5 亿元。汽车限购令对不同民众的利益会产生不同影响。对于已经拥有机动车或是不打算购车的群体和出租车行业来说是有利的，对于准备购车的群体是不利的；对于本市居民是有利的，对于外市居民是不利的。不广泛征求意见，很容易出现政策的利益失衡。[3]

总的来说，这项政策还存在一些问题。第一，决策过程中公民参与不足。第二，与汽车产业政策相背离。第三，政策的公平性存在问题，在政策出台之前买到车的人与政策出台之后买车的人之间存在明显的不公平。公共政策的出台应该是民主与科学的统一体，民主体现在听取公众的意见，科学体现在政策制定中的精确、有理有据。这是限购政策的不足，也是限购政策给我们的启示。

5 课堂安排

（1）预读案例（10 分钟）。

（2）小组讨论准备（15 分钟）。

（3）问题探讨（50 分钟）。

探讨问题一：你认为汽车购买是否应该限制？你认为限制汽车购买能否真正解决拥堵问题？（10 分钟）

探讨问题二：如果你认为应该限制，那么什么才是限制汽车购买的好政策（严格发放车贷，限制家庭购买第二辆车，提高燃油税，大幅提升停车费）？（10 分钟）

探讨问题三：汽车限购令的出台应注意什么配套措施？（15 分钟）

探讨问题四：你认为交通拥堵的解决应该从使用环节还是购买环节着手？（15 分钟）

（4）小组观点总结汇报（10 分钟）。

（5）案例点评（10 分钟）。

6　其他教学支持

案例研讨教室桌椅可以自由活动；准备多媒体设备、音响、黑板（软板）、摄像机。

主要参考文献

[1] 严强. 公共政策学[M]. 北京:社会科学文献出版社,2012:96.

[2] 网易新闻.深圳限购引发公共政策反思:正当程序缺失是最大硬伤[EB/OL].(2015-01-07)[2015-10-10].http://news.163.com/15/0107/06/AFBBLBSE00014AEE.html.

[3] 杨解君. 公共政策的效应与法律遵从度[J]. 行政法学研究,2013(2):63-69.

法定假日谁说了算？*

1 课前准备

（1）复习公共政策制定、公共政策价值、公共伦理等相关理论知识。

（2）查阅我国法定假日相关资料，了解我国法定假日变迁历程、带薪休假制度等情况。

（3）提前阅读案例材料《法定假日谁说了算？》，并分组讨论，就案例讨论问题提交小组报告。

（4）随机分组，组员以 6～8 人为宜，每组民主选举产生组长，由组长组织本小组的研讨活动。

2 适用对象

本案例可用于公共政策制定、公共政策价值、公共伦理等课程主题的教学中。

---

* 由杨清清编写，欧朝敏参与了资料的收集和整理。本案例参加了第一届全国 MPA 教学案例入库评选活动，并成功入选，现已根据本书的要求进行了修改。

3 教学目标

通过对《法定假日谁说了算?》案例的互动探讨，以期达到三个目标：目标一，深入剖析我国法定假日的问题；目标二，剖析法定假期调整这一公共政策制定过程中存在的问题，主要利益相关方及价值分析；目标三，探讨法定假期政策制定过程中民意调研的优缺点，以及在政策制定过程中可以采用的工具和方法。

4 要点分析

法定假日安排是直接关系民生的公共政策，也是体现政府公共服务和人文关怀的一张答卷。但是，法定假日的安排是一道众口难调的菜，面对这一论题，总是会引起各界舆论的高度关注。2014年假期方案，是在两轮网络民意调查后，经过专家和课题组研究人员认真分析研究，经过 14 部委一致通过后发布。这样制定程序下的政策为什么一出台便面临万千吐槽？如何最大限度地保障公民休假权利？如何让放假安排更人性化一些？这也许是政府应该认真思考和继续解决的问题。

4.1 要点分析一：政策制定过程中的决策民主化

决策民主化是现代决策实践的一种重要价值。无论具体的决策体制如何设计，公众通过适当的程序以相应的方式参与决策过程，都是决策有效性和合法性的必要条件。2013 年，全国假日办两次通过门户网站发放了针对法定节假日放假安排的调查问卷，这是全国假日办成立 13 年来首次向公众征求放假意见，这是一个进步。在此之前，几乎所有的公共政策的制定，都是由官方主导乃至直接制定的，人大、政协参与的程度也不是很深。不可能所有的公共决策都要让全民来公决，通过网络调查进行民意探测并在此基础上进行科学决策，是值得其他政策制定机关思考和借鉴的，也将成为我国公共决策的一种新模式。但这次的网络调查并不是假日改革的法定程序。我们从案例中也可以看到，最终公布的方案是基于调研中支持率最高的方案 C 的微调，但正是这次的微调引发了后续的波澜。作为一项公共政策调整的调研，手段要丰富，样本量要足够大，抽样调查人群必须合理，还需要国务院常务会议审议通过。

显然，法定假日制度是一项与众多社会成员利益密切相关的公共政策，它的改革牵涉多方的利益，因此调整强化决策民主化是正确的方向，只是，在这一民主化过程中，如何更好地实施，调研结果如何更好地为公共政策制定服务是需要进一步思考的问题。例如，问卷设计是为民意的表达设置的框架，通过框架的设置，决策者可以有意无意地限制某些意见的表达，可以隐蔽地引导民意的倾向。在这一次的问卷中包括 5 个问题，其中 3 个关于主观态度的问题和 2 个关于客观事实（年龄和被调查者职业）的问题，全部为封闭式选择题。公民在问卷设定的封闭框架内，仅以投票选择的形式进行表达，而不能表达框架之外的其他意见。当问题涉及应有的客观性、中立性缺失时，表达主体的无力更加明显。并且调查问卷中提出的三种方案只涉及调休安排，没提到假日改革。“拓宽社情民意表达渠道”实质是要求在“公民－决策机构”的方向上建立多元的渠道，相互配合，扩大公民参与的广度和深度。一项公共政策经过公民参与之后出台，也并不意味着公民参与的结束。持续的公民参与才符合民主的本意。公共决策机构尊重民意，向公民开放决策过程，推进决策的科学化、民主化，这是公民参与的互动传播不断循环运转、公民参与不断持续的根本保障。

4.2 要点分析二：政策制定过程中的价值分析

在公共政策的全部活动中，所有阶段和环节都是围绕着政策价值取向展开的。价值选择是公共政策最本质的规定性，有什么样的价值取向就有什么样的公共政策。在“法定假日怎么放”的决策过程中充斥着不同的价值取向。例如,“除夕是否放假”体现了两种不同价值取向:第一种是觉得除夕的民俗意义重大,必须列入法定假日;第二种是觉得除夕不列入法定假日,老百姓反而能得到更多实惠。

在公共政策过程中,每个政策行动主体都有建立在不同利益追求基础上的价值倾向。要形成一个建立在各种利益协调基础之上的被大多数政策行动主体所认可的政策价值,就必须经过一个民主的价值辩论过程。在政策行动主体平等对话、充分辩论的前提下,让多种价值取向相互竞争,并且在竞争中事先协调,只有这样,具有共识性、合理性和兼容性的政策价值才能最终产生出来和确定下来。

4.3 要点分析三:政策制定的利益相关方分析

为了进一步分析政策制定过程中产生的问题,需要具体分析不同的利益主体的利益冲突和矛盾。在政策的制定过程中主要涉及以下方面的利益主体:国家假日办、国家旅游局、服务业商家、假日改革课题组的专家学者、民众等,其利益各不相同。

围绕着假期的利益纠葛很多,个人希望假期和加班费增加,老板希望假期减少,旅游行业热衷于增加大假期、黄金周。全国假日办是一个协商的平台,让决策机构在协调机制的咨询商议基础上做出更合理的决定。但是办公地点设在国家旅游局的假日办,由于其性质,在各种利益博弈中会更选择站在旅游行业一边。各专家学者和民众依据自身利益决定其行动及表述。明显带有利益色彩的假日办,试图去协调各方面的利益,显然是力不从心的。无论怎么安排调休,都不能做到大家满意,自己挨了骂,受了委屈。

什么时候放假涉及整个社会的工作节奏,涉及人们的生活安排,也涉及为假日调配交通运输、商品等资源,可谓关系重大。这么大的事情应该有一个确立假期的立法程序,而不是像以前那样,很多部门都有权力公布公众假期以及这样那样的节日。有一个规整的程序，也有利于协调各方利益。

5　课堂安排

（1）开场测试《我国法定假日满意度测评》（5 分钟）。

（2）测评结果评述（10 分钟）。

（3）预读案例（10 分钟）。

（4）小组讨论准备（15 分钟）。

（5）问题探讨（50 分钟）。

探讨问题一：我国法定假日存在的问题是什么？（5 分钟）

探讨问题二：全国假日办的撤销释放了什么样的信息？（5 分钟）

探讨问题三：我国法定假日的制定过程民意调研优缺点是什么？更能取得高满意度的政策制定过程和方法是什么？（10 分钟）

探讨问题四：我国法定假日应考虑的价值有哪些？最应关注的价值是什么？（15 分钟）

探讨问题五：在法定假日的制定和执行中，你认为相关的利益群体包括哪些？他们各自的利益和追求是什么？（10 分钟）

（6）观看《今日关注——法定假日变革》（5 分钟）。

（7）案例点评（10 分钟）。

6　其他教学支持

案例研讨教室桌椅可以自由活动；准备多媒体设备、音响、黑板（软板）。

一张名片引发的千万税款*

——全球化的中国税收之痛

1 课前准备

根据情况将学员分为几个小组，每个小组以6~8人为宜，指定1名学员为小组组长，由其组织本小组的研讨活动。案例涉及国税局、跨国企业这两方，每个组员分别扮演其中一个角色，基于自己所扮演的角色思考问题。

2 适用对象

本案例适用对象为公共管理学科的研究生，学员应已修完公共经济学和公共管理学课程。

3 教学目标

（1）掌握制定税收政策的原则及其演变。

（2）理解公共政策评估的标准、方法。

（3）理解公共政策调整的内容，以及公共政策变迁的基本

---

* 由张海、冯笑杰、田野、聂三军编写，本案例参加了湖南省第一届MPA案例大赛，已根据本书的要求进行修改。

模式。

4 要点分析

4.1 税收原则及其之间的关系

4.1.1 税收原则

在设计和制定税收政策时，政府会考虑很多因素，如政府在制定反避税政策时会考虑税收带来的效率和公平问题。这些因素集中体现为税收原则。税收原则是设计和制定税收政策的标准，是影响一个国家税收制度的深层次观念体系，是税收的行为准则。在现代，税收原则主要包括税收的效率原则、公平原则、稳定原则和财政原则。

效率原则是指税收制度必须符合经济效率的要求，包括税收总量应体现社会资源最优配置要求，税收对微观经济活动的效率损失应当最小，征税的成本最小等。

公平原则分为利益原则和能力原则两种。利益原则是指课税依纳税人受益的多少而定；能力原则是指以支付能力作为征税依据。在现行国际税收制度中，有很多内容都反映了跨国纳税人的税负公平原则。比如，避免双重征税和防止避税与逃税就反映了跨国纳税人税负公平的原则。

稳定原则是指税收应以稳定宏观经济为原则。

财政原则是指税收应该以能取得必不可少的财政收入为原则。

4.1.2 国际税收原则

对于国际税收制度而言，税收原则具体表现为国家税收主权原则、国际税收分配公平原则、国际税收中性原则和国际纳税人税负公平原则。

国家税收主权原则，是指在国际税收中一国完全决定实行怎样的涉外税收制度以及如何实行这一制度等，任何人、任何国家和国际组织都应尊重他国的税收主权。

国际税收分配公平是指主权国家在其税收管辖权相互独立的基础上平等地参与国际税收利益的分配。

国际税收中性原则是指国际税收体制不应对跨国纳税人跨国经济活动的区位选择以及企业的组织形式等产生影响。

国际纳税人税负公平原则是指跨国纳税人所承担的税收与其所得的负担能力相适应。

本案例中关于关联企业之间交易的公平定价制度，就同时反映了国家税收主权原则、国际税收分配公平原则，也反映了国际税收中性原则和国际纳税人税负公平原则。

4.1.3 税收原则之间的关系

税收公平之间有统一的一面，即都是为了维护政府的利益；也有矛盾的一面，如税收效率原则和公平原则之间的矛盾，具体表现为税收对微观经济活动的效率损失最小的要求和不同公司之间税收公平之间的矛盾。跨国企业开展国际避税的目的就是减少税收对自己带来的损失，但带来了与非跨国企业之间的不公平。

4.2 税收原则的演变

4.2.1 随着社会经济的发展，税收原则也在不断发展和完善

最早提出税收原则的是英国的威廉·配第，他提出公平、方便和节省等基本原则。而系统提出税收原则的是亚当·斯密，他在《国富论》中明确提出税收四原则，即平等、确实、便利和节俭。斯密提出的税收原则体现资产阶级在自由经济时期的要求，他们要求国家少干预或不干预。

随着资本主义由自由经济发展到垄断时期，社会矛盾日益突出，财富分配不公日益严重。这客观要求政府不仅仅只充当在自由经济时期承担的“守夜人”职责，而且更要执行社会政策，进行收入和财富再分配，以缩小贫富悬殊和缓解社会矛盾。于是德国税

务专家瓦格纳提出新的税收原则，即财政收入原则、国民经济原则、社会正义原则和税务行政原则，其中税务行政原则包括确实、便利和节省。

随着经济的发展，税收原则在现代是指效率原则、公平原则、稳定原则和财政原则。

4.2.2 税收原则的演变规律

通过梳理税收原则的演变过程，可以发现在设计和制定税收政策时，对不同原则的重视程度不尽相同，如总体上越来越重视公平原则，包括越来越强调税收政策自身的公平和更加注重通过税收制度来维护社会的公平。首先较之自由经济时期，垄断时期的税收原则更强调税收要调节财富分配以维护社会公平。其次税收公平的内涵也在发生变化，日益丰富。由以前的只注重横向税收公平，到现在开始重视纵向税收公平；由以前的只注重国内税收公平，到现在开始重视国际税收公平。

在本案例中，政府开展反避税行为就是国际税收公平原则的一个体现，较之非跨国公司，跨国公司不能利用经济形式来掩盖经济实质，最终达到利用自身的优越条件以获取不公平利益的目的。

4.3 国际避税的手段

我国外商投资企业的避税行为，主要表现为通过转让定价进行避税。转让定价是指跨国公司人为地提高或压低交易价格，通过所参股的关联企业，把利润从高税区转移到低税区或避税地，以此达到不纳税或少纳税的目的。对避税行为的规制，我国税法规定，外商投资企业或者外国企业在中国境内设立的从事生产、经营的机构、场所与其关联企业之间的业务往来，应当按照独立企业之间的业务往来收取或者交付价款、费用，而减少其应纳税的所得额。在本案例中，企业利用了税收的差异性、避税岛和关联交易来逃避应该在中国境内缴纳的税额。结合国际避税的各种手段，总结起来大致有以下几种：

4.3.1 利用税收的差异性避税

利用国与国之间、地区与地区之间税负差异避税，如经济特区、经济技术开发区等；利用行业税负差异避税，如生产性企业、商贸企业、外贸出口企业；利用不同纳税主体税负差异避税，如内外资企业、民政福利企业等；利用不同投资方向进行避税，如高新技术企业；利用组织形式的改变，如分设、合并、新办；改变自身现有条件，享受低税收政策，如改变企业性质、产品构成、从业人员身份构成等。利用特殊税收政策，如三来一补、出口退税。

4.3.2 利用税法本身存在的漏洞

利用税法中的选择性条文如增值税购进扣税的环节不同，房产税的计税方法（从租从价）不同；利用税法条文的不一致、不严密，如对起征点、免征额等；还有利用一些优惠政策没有规定明确期限的，如投资能源、交通以及老少边穷地区再投资退税等，无时间限制。

4.3.3 转让定价避税

关联企业高进低出，或者低进高出，转移利润，涉及企业所得税、营业税或增值税等；改变利息、总机构管理费的支付，影响利润；改变出资情况，抽逃资本金等，逃避税收。

4.3.4 资产租赁避税

如关联企业中，效益好的向效益差的高价租赁设备，调节应纳税所得，求得效益好的企业集团税收负担最小化；关联企业之间资产相互租赁，以低税负逃避高税负，如以缴纳营业税逃避缴纳所得税。

4.3.5 避税地避税

纳税人利用国与国之间、地区与地区之间特区、开发区、保税区的税收优惠政策，在这些低税负地区虚设常设机构营业、虚设中转销售公司或者设置信托投资公司，转移利润从而减少纳税。

4.3.6 让利销售避税

让利销售减少销项税额，大幅降低销售价格，以换取价格优势，增强产品市场竞争力，但国家税收（如增值税、企业所得税等）受到影响，对企业有益而对税收不利。

4.3.7 运用电子商务避税

电子商务是指交易双方利用国际互联网、局域网等进行商品和劳务交易。电子商务活动具有交易无国籍、无地域性、交易人员隐蔽性、交易场所虚拟化、交易信息载体数字化、交易商品来源模糊性等特征。电子商务给避税提供了更安全隐蔽的环境。企业利用电子商务的隐蔽性，避免成为常设机构和居民法人，逃避所得税；利用电子商务快速的流动性，虚拟避税地营业，逃避所得税、增值税和消费税；利用电子商务对税基的侵蚀性，隐蔽进出口货物交易和劳务数量，逃避关税。因而电子商务的迅速发展既推动世界经济和贸易的发展，同时也给我国在内的各国税收制度提出了国际反避税的新课题。[1]

4.4 反避税的依据

对于反避税各国普遍采取了“实质重于形式”的原则，这一点在国际反避税规则（General Anti Avoidance Rule，GAAR）得以体现。我国于2008 年引入 GAAR 规则，并在《企业所得税法》第六章第四十七条明确规定“企业实施其他不具有合理商业目的的安排而减少其应纳税收入或者所得额的，税务机关有权按照合理方法调整”，为应对避税行为提供了法律依据。

所谓“实质重于形式”，也就是税收要与经济实质相匹配。纳税人的经济行为导致的应纳税额，不依赖于纳税人采取的何种形式，而是要看纳税人经济行为的实质。即使纳税人减少税款在形式上是合法的，但是如果纳税人的唯一目的是避免或者减少纳税，那么法院也可以认定纳税人规避税法，由此判定纳税人应该按照实质经济行为承担纳税义务[2]。该案中，A公司滥用组织形式，逃避本应在D公司所在地缴纳税款的义务，构成了实质意义上的逃税。

在国际反避税协作中，我国不仅遵循“实质重于形式”的原则，而且进行了理论创新，提出了“市场溢价理论”和“成本节约理论”，并写入《联合国2013年度的转让定价手册》。

成本节约理论：外企到中国投资，劳动力、土地等成本低了，获得了比原来更多利润，这部分利润理应为当地贡献税收。

市场溢价理论：外企如在本国产品只卖10元，在发展中国家卖20元，其中的10元品牌价值是在消费地产生的，超额利润理应在当地纳税。

4.5 反避税中企业权益的维护

在反避税过程中，不可避免地存在企业与纳税机关的博弈，这就是公权力与公民权益，公共利益与私人利益之间的博弈，他们既有统一的一面，也有对立冲突的一面。就对立的这一面而言，公民权益更容易受到公权力的侵犯，即处于弱势地位。因此，企业如何合理有效地在反避税调查中维护自己的正当权益显得十分必要。那么，企业在反避税中如何维护自己的正当权益呢？

首先，平时要合理地运用税收筹划权。

在本案例中，该市D公司未能合理地运用企业的税收筹划权，利用关联关系进行间接的股权转让从而逃避了税收，越过了权利和义务的界限，是不合理的税收筹划。因此，企业在进行税收筹划时，一定要明确权利与义务的界限。在反避税潮流中，企业一定要进行合理的税收筹划，不能越过企业权利与纳税义务的界限，这样才能在反避税过程中理直气壮地维护自己的正当权益。

其次，在面临反避税调查中，维护企业权益。

企业要积极配合。在反避税调查工作中，税务机关确定重点调查对象之后，会着手开始调查。在调查中，取证、提交资料是不可轻视的内容。企业在提交任何资料前，务必要充分评估资料的必要性、合理性、完整性及提供后果等，避免在提交资料中衍生其他风险。该市D公司在面临税务机关的调查时能够及时出具各项材料证明，积极配合本地税务机关的工作，为接下来解决税务争议提供了保证。

在接受税务机关的问询时，企业不可敷衍、拖延、隐瞒，不可对同一问题的回答前后不一致。《特别纳税调整实施办法（试行）》（国税发〔2009〕2号）第三十二条第（六）项规定："实地核查过程中发现的问题和情况，由调查人员填写《询问（调查）笔录》。《询问（调查）笔录》应由2名以上调查人员签字，并根据需要由被调查企业核对确认，若被调查企业拒绝，可由2名以上调查人员签认备案。"第三十二条第（七）项规定：税务机关对已确定的调查对象实施现场调查时"可以以记录、录音、录像、照相和复制的方式索取与案件有关的资料"，第三十二条第（八）项规定："需要证人作证的，应事先告知证人不如实提供情况应当承担的法律责任。证人的证言材料应由本人签字或押印。"

尤其是，企业如果不积极配合税务机关的调查、取证，而以各种理由和借口拖延、敷衍，将会承受更大的风险。比如，在反避税调查中，如果企业不积极配合调查取证，税务机关在进行企业资产价值评估时有可能取参数上限，这样将会使企业承受更大的税收负担。

企业要把握协商机会。在本案例中，该市D公司一开始消极配合税务部门，未能利用合理有效的手段去面对税务机关的反避税调查，但是后来能够积极与有关工作人员洽谈并达成共识。最后既维护了企业的合法利益，也完成了纳税义务。

在企业避税和政府反避税之间的博弈，企业和税务机关的协商是极其关键的一环，而在协商过程中，会出现影响调整方案的多方面原因，企业一定要积极配合，把握机会，确定重点。从实践来看，除了技术支持外，协商谈判的最终结果往往还取决于双方的沟通与协商技巧。

最后，反避税结果出来后，对于有争议的部分，企业可采取以下合法的手段维护自己的权益。

若该市D公司对税务机关的决议不服，可以申请行政复议，对行政复议不服，可以申请行政诉讼。具体流程如下：

行政复议。《税收征收管理法》（2001年）第八十八条规定："纳税人、扣缴义务人、纳税担保人同税务机关在纳税上发生争议时，必须先依照税务机关的纳税决定缴纳或者解缴税款及滞纳金或者提供相应的担保，然后可以依法申请行政复议；对行政复议决定不服的，可以依法向人民法院起诉。"这实际上是规定了对纳税争议的复议前置程序。《税务行政复议规则》（国家税务总局令2012年第21号）借鉴国际上的做法和结合我国的具体国情引入税务行政复议和解与调解制度，设专章明确规定了和解与调解的适用范围和基本原则，设计了详细的程序和具体的要求。科学合理的制度设计可以充分发挥行政复议化解税收争议的主渠道作用。由此可见，税务行政复议程序是受到立法者的高度重视的。

行政诉讼。随着国家税收制度的建立健全，纳税人税收法制意识的增强，出现税务争议后真正走上税务行政诉讼道路的为数不多。主要原因有：一是税务行政诉讼专业性很强，一般企业都缺少精通税务又懂法律的人才；二是不愿和税务机关对簿公堂，不希望和税务机关关系闹得很僵；三是《税收征收管理法》规定了纳税人、扣缴义务人、纳税担保人同税务机关在纳税上发生争议时，必须先向税务机关申请行政复议，对行政复议决定不服才可以向人民法院起诉。

因此，发生税务争议后，行政复议是首选，在符合条件的情况下尽量和税务机关和解或调解，减少不必要的纠纷。同时，企业应不断提高自身的政策水平，或借助律师、注册税务师等专业优势，提高解决税务争议的能力，积极维护企业切身利益，这也是税收法制化建设的应有之义。

综上所述，我国税务机关的反避税调查的力度仍在进一步加强，同时在立法、调查调整方式和原则、调查程序等方面也在进行各种完善和改革。企业必须要了解改革的方向，做好各种准备，包括在发生关联交易时，对于转让定价要有全面的考量，必要时制定明确、合理的定价政策以长期执行。

此外，在企业现行转让定价状况条件允许的前提下，企业应考虑尽量与税务机关达成预约定价安排，避免转让定价调查调整的风险，并在磋商中争取更稳妥的涉税利益。[3]

4.6 对中国以后反避税的启示

本案例对我国政府以后更好地开展反避税提供了有益的借鉴：一是为了更好地维护国家税收主权和贯彻税收原则的要求，要勇于开展反避税行动。二是在开展反避税行动时，要及时总结相关经验，将其上升为税收法规制度，做到依法治税。三是在开展反避税时，需要开展国际税收合作，以防止各国开展恶性税收竞争。四是在开展反避税行动时，要符合确实、便利和节省等税收行政原则，切实维护相关企业的合法权益。

在实际实施反避税行动要注意：一是深挖情报，关注跨境资本交易的新动向。风险应对，情报先行，尤其是非居民股权转让的风险应对，更需要运用多种手段收集、挖掘各种信息情报。本案中税务机关在香港联交所关联“股权转让”和“某市”等字段，挖掘出39份涉及转让企业的上市公司公告。因此税务机关应密切关注境外上市公司资本运作，将境外上市企业作为跨境税源监控管理的重点对象，实时关注上市公司披露的重大交易信息，及时发现风险，及时开展应对。

二是完善机制，构建境外上市公司风险档案。目前非居民股权转让管理大多以事后管理为主，税务机关应按照第三方信息开展专项检查。当税务机关发现非居民企业间接股权转让风险时，可能早已时过境迁，给税款追征带来极大困难，征税成本增加。因此，建立相应的管理制度，应结合本地情况，对在境外上市的“走出去”

企业以及被境外上市公司控股的本地企业建立动态档案，实时关注披露信息，从中分辨间接股权转让的蛛丝马迹。

三是强化培训，提升国际税收团队软实力。本案的应对中涉及数据挖掘、情报分析、间接股权穿透谈判以及收益法评估等多项专业技能，国际税收工作人员需要不断更新知识，形成具备过硬的业务素质，更需要整合资源提升团队的应对实力。

5 课堂安排

本案例讨论约 90 分钟，具体安排如下：

（1）课堂前言（5 分钟）。教员简明扼要地明确主题和提出相关要求。

（2）阅读案例（10 分钟）。组织学员阅读案例材料并要求独自思考案例后的思考题。

（3）分组讨论（25 分钟）。由各个小组撰写发言大纲，并用彩笔写在大白纸上。教员此时须留意小组讨论情况，应及时制止小组讨论与课堂无关的内容。在剩余 5 分钟时应提醒小组要及时形成发言大纲。

（4）小组发言（30 分钟）。

（5）引导总结（20 分钟）。教员引导全班同学进一步讨论，然后总结小组讨论及发言的情况，并简单阐述相关理论。

课后计划：请各个小组形成本小组关于中国反国际避税的建议。

6 其他教学支持

教室的桌椅可以自由移动；有可以自由移动的黑板；为每个小组提供5张大的白纸和1支彩笔，供向其他小组展示自己小组讨论的结果。

主要参考文献

[1] 百度百科．避税的主要方式. http://baike. baidu. com/link? url = xXOMOELC6ZaxDR_A6ixx4uo3A8DeL3zfcQSzO2ldKViJ2pEJcnRzBA0p6MPGOovmhYi-fcfaCpWlz2hgCM9H8q.

[2] 徐爱国. 避税及对策:实质重于形式原则[N]. 人民法院报,2010 - 08 - 06(7).

[3] 中华财会网. 反避税调查应对法简述[EB/OL]. (2013 - 04 - 03)[2015 - 10 - 10]. http://www. e521. com/chwk/sw/sssw/306074. shtml.

教师绩效工资改革为何掌声不多？*

1 课前准备

根据情况将学员分为几个小组，每个小组以 6 ~ 8 人为宜，应指定 1 名学员为小组组长，由他组织本小组的研讨活动。

2 适用对象

本案例适用对象为公共管理学科的研究生，学员应已修完公共管理学和人力资源管理课程。

3 教学目标

（1）掌握政策执行前首先要厘清一些问题和前提条件。
（2）理解公共政策制定和公共政策执行之间的关系。
（3）理解公共政策和相关配套政策的依存关系。

---

* 由刘燕编写，欧朝敏和杨清清参与了资料的收集和整理。

4 要点分析

4.1 事业单位的“绩效”究竟是什么?如何厘清和界定?

绩效工资制度最初是西方的一种企业管理制度,员工的工资主要由岗位工资和绩效工资两方面组成,为了激励员工提高效率,一般绩效工资所占比例较大,而事业单位的所承担的工作都是公益性质的,所以岗位工资的比例相对较大,如这次改革所设置的岗位工资与绩效工资之比分成了三档,分别是7:3,6:4,5:5,公益性越高的单位岗位工资所占比例越高。

在我国,“事业”主要是一个与“企业”相对的社会组织概念,是以服务社会公益为基本目的的非营利公益组织,正如古人所说“举而措之天下之民,谓之事业”;而后者则以私益为基本目的和首要出发点,最大程度追逐自身“利润”实乃其天性。与企业相比,事业单位的绩效评估要困难得多。企业的绩效是通过生产线来体现的,而事业单位的绩效则更多是通过工作流程来体现的,与生产线相比,工作流程的评估显然要复杂得多。事业单位之间的工作性质千差万别,评估的标准也千差万别,现在的关键就在于是否能找到一个大的框架、大的模板来体现公平性、科学性。所以,事业单位全面实行绩效工资,不能不首先从厘清什么是事业绩效开始,而要保证这种厘清,新医改、新教改等新一轮事业单位体制改革的全面深入、落实到位,正是根本的制度基础和前提。

4.2 绩效工资改革要落到实处还需要如何做?

国务院会议决定事业单位绩效工资分三步实施。对义务教育学校实施,其次对基层医疗卫生事业单位实施,最后在其他事业单位实施,出发点是为了调动事业单位工作人员积极性,促进社会事业发展、提高公益服务水平。

实施绩效工资过程中，如何制定绩效评估的标准？譬如说怎样的老师是好老师，怎样的医生是好医生，这些标准如果没有制定好，就会导致现在社会上的一些不好的现象，如教育乱收费的盛行，“读不起书”“看不起病”的民生困境。

另外，如何建立事业单位工作人员严格的、规范的考核体系，指标体系如何确立，考核机制在控制成本的情况下如何日常化，都是需要解决的问题。绩效考核是一个带有普遍性的难题，事业单位工作人员因为其绩效的公益性导致绩效考核更加复杂，关键是要找到一些合适的方式使得考核制度化，例如成长档案、优秀教师评比、自我发展规划等，坚持定量考核与定性评价相结合、形成性评价和阶段性评价相结合，通过简便易行的方式把教师工作数量和质量体现出来。在考核过程中需要考虑的一个问题是道德如何考核，我们知道老师重视师德，医生重视医德，而且我们在考核时一般强调“德才兼备，以德为先”，所以在绩效工资推行过程中首先要确定道德如何考核。

绩效工资的执行过程中，需要建立公开、科学的考核机制和监督机制。将整个政策的执行置于公正、公开、透明的监督环境当中来，确保国家对人员的拨款能够踏踏实实地落在实处是很重要的。考核和分配办法要充分听取教职工的意见，绝不能暗箱操作，要在本校公开，接受教职工监督，用规范的制度和教职工的民主参与保证绩效考核和奖励性绩效工资的分配公开、公平、公正。教育部门要加强指导，认真做好学校奖励性绩效工资分配方案的审批工作。

5 课堂安排

本案例讨论约90分钟，具体安排如下：

（1）课堂前言（5分钟）。教员简明扼要地明确主题和提出相关要求。

（2）阅读案例（10 分钟）。组织学员阅读案例材料并要求独自思考案例后的思考题。

（3）分组讨论（25 分钟）。由各个小组撰写发言大纲，并用彩笔写在大白纸上。教员此时须留意小组讨论情况，应及时制止小组讨论与课堂无关的内容。在剩余 5 分钟时应提醒小组要及时形成发言大纲。

（4）小组发言（30 分钟）。

（5）引导总结（20 分钟）。教员引导全班同学进一步讨论，然后总结小组讨论及发言的情况，并简单阐述相关理论。

课后计划：请各个小组形成自己小组的方案。

6 其他教学支持

教室的桌椅可以自由移动；有可以自由移动的黑板；为每个小组提供 5 张大的白纸和 1 支彩笔，供向其他小组展示自己小组讨论的结果。

醴陵市网格化社会管理*

1　课前准备

根据情况将学员分为几个小组，每个小组以 6 ~ 8 人为宜，应指定 1 名学员为小组组长，由他组织本小组的研讨活动。

2　适用对象

本案例适用对象为公共管理学科的研究生，学员应已修完公共管理学和人力资源管理课程。

3　教学目标

（1）掌握政府社会管理的新工具和新理念，让学生意识到现代社会的政府治理不能仅仅通过行政命令手段，而是需要通过主动地询问和积极地发现问题。

（2）理解作为一个公共管理者在政策执行中的地位，熟悉政府工作中依法行政、依规行政与创新管理的关系。

（3）理解如何通过目标管理和考核等控制方法，以及相应的

* 由刘燕编写，张学礼和欧朝敏参与了资料的收集和整理。

制度保障使得一项好的政策能够成为一个长效机制。

4 要点分析

4.1 醴陵市网格化管理的作用分析

醴陵市的网格化管理一方面实现了由“上访”向“下访”的转变。醴陵市网格化管理划分了网格，明确了每一个网格的负责人的职责，既可以及时发现问题，反映情况，又可以有效解决矛盾，还可以发挥政府各部门的主动性、积极性。由以前的“被动”变为现在的“主动”，使问题、矛盾发现和处理的关口前移；另一方面，实现了由“单一”向“协同”的转变。

网格化管理构建了上下级之间、职能部门之间的协同办公机制，改变了以往单一部门办理、各方推诿扯皮的现象。各部门承担起责任，共同分担责任，这样政府的压力和危机就小了很多。

4.2 如何使得网格化管理成为一种长效机制?

机构和编制的设立。一项活动要坚持下去，具有长效机制，一定要有一定的工作机制作保证。醴陵是怎样完善工作机制的?醴陵市政府正在株洲争取开展大走访相关的机构、编制，有了机构和编制就意味着有专人来负责这项工作，而不是一个临时机构和一项临时性工作。

信息平台的建立。以社区为基本单位，推动数字化建设进社区，确保整个社会管理在一个整体数控平台里，随时可以找到我们想要的社会管理的各个参数、内容。能够有效地整合各级政府和社会资源，为百姓提供优质、便捷、高效的服务，同时有效地加强政府职能部门的综合服务和管理水平。要把数字化向纵深推进，向社区延伸，向企业延伸，把社区、企业的摄像头全部纳入市一级的管理系统中来。这既是保障安全的需要，也是加强社会管理的需要。在基础数据平台之上建立综治信访维稳系统，依托于基础数据和百姓互动平台的网格化管理体制及时了解掌握居民的诉求、社会问题以及不稳定因素。

另外，网格负责人的积极性调动的问题。醴陵市的网格负责人有两份工作，一份是自己以前的本职工作，一份是网格负责人的工作，那么如何在两份工作之间达到一种平衡，如何调动工作人员的积极性，是网格化管理能够成为一个长效机制的关键。因此，可以根据工作人员现有的工作性质选择接近的网格工作，使得工作人员能够熟悉，做到游刃有余；另一方面，可以通过政治教育、精神奖励和物质奖励、职业发展规划等方面制定相关制度来调动工作人员的积极性。

5　课堂安排

本案例讨论约90分钟，具体安排如下：

（1）课堂前言（5分钟）。教员简明扼要地明确主题和提出相关要求。

（2）阅读案例（10分钟）。组织学员阅读案例材料并要求独自思考案例后的思考题。

（3）分组讨论（25分钟）。由各个小组撰写发言大纲，并用彩笔写在大白纸上。教员此时须留意小组讨论情况，应及时制止小组讨论与课堂无关的内容。在剩余5分钟时应提醒小组要及时形成发言大纲。

（4）小组发言（30分钟）。

（5）引导总结（20分钟）。教员引导全班同学进一步讨论，然后总结小组讨论及发言的情况，并简单阐述相关理论。

课后计划：请各个小组形成自己小组的方案。

6 其他教学支持

教室的桌椅可以自由移动；有可以自由移动的黑板；为每个小组提供5张大的白纸和1支彩笔，供向其他小组展示自己小组讨论的结果。

四川省内江市农村产权制度改革*

1 课前准备

根据情况将学员分为几个小组，每个小组以 6 ~ 8 人为宜，应指定 1 名学员为小组组长，由他组织本小组的研讨活动。每个组员应承担一个具体的角色，这些角色包括中央政府、内江市政府、农户、农业龙头企业等。

2 适用对象

本案例适用对象为公共管理学科的研究生，学员应已修完公共经济学和公共管理学课程。

3 教学目标

（1）掌握公共政策的利益相关方分析方法。
（2）理解影响公共政策有效执行的主要因素。
（3）理解公共政策政策工具的选择。

---

* 由欧朝敏编写。

4　要点分析

4.1　内江市农村改革中的利益协调

内江市的农村改革之所以能迅速启动并取得一定的成效，原因有很多，其中一个重要的原因就在于能较好地协调好各方的利益。以 BOT 机制的建立为例，对于种植业主而言，由于种植无花果回收收益的周期较长，政府对业主分年度给予一定比例的租金补偿。等种植无花果有收益时，所有的收益归业主所有。对于农民而言，能够成为种植无花果的产业工人。业主经营一定年限后，将产业基地无偿返还给农民，合作社负责基地的管理，业主负责按保护价收购。对于政府而言，通过农村改革，盘活了农村经济，提高了农民收入，最终也会推动财政收入的增加。

在农村改革中，有中央政府、地方政府、农民和农业龙头企业等利益相关方。从长远上看，这些相关方的利益是一致的。但从短期来看，则存在细微的差异。首先从政府的角度来看，其利益在于发展农村经济，增加农民收入和财政收入，以及维护农村稳定。但中央政府和地方政府在以上利益中的侧重点又有所不同。较之地方政府，中央政府会更看重维护农村稳定这一利益。对于农村稳定和保障农民长期利益的担忧一直以来都是制约农村改革的一个焦点。其次对于农民而言，短期利益和长期利益都要得到保障，但每一个农民对短期利益和长期利益的看重程度是不尽相同的。最后对于农业龙头企业而言，更多的是看重短期利益。正如本案例，当相关方的利益能够得到满足时，农村改革就能顺利推进。而一旦出现利益得不到满足，哪怕是短期得不到满足的情况，如由于无花果的价格暴跌或歉收导致收益不理想时，农村改革就难以推进。由于经济发展的不确定性，这种局面又是无法完全避免的。

4.2 内江市农村改革试验工作的可持续性

内江市下一步推进农村改革存在着困难，主要有：一是资金压力巨大，无力承担巨额的安置成本、就业成本和前期基础工作成本。二是法律法规制约，《宪法》《民法通则》《土地管理法》《农村土地承包法》等都有关于农民土地经营权问题的规定，但相关内容和行使程序不够具体明确，过于笼统。三是农村产权流转保护难，大规模的土地流转可能会促使土地向专业种植大户、土地合作社、家庭农场等过于集中，会导致部分农民失地或者损害农民利益行为的发生。四是配套政策支撑不够，如产权流转、集体建设用地使用、集体经济组织建设、土地股份合作社发展、外来资本介入、农村产权抵押等相关政策还不够系列化。就外部而言，改革能够突破的空间有限。

影响公共政策执行的有效性的因素有很多，这些因素可以分成四大类：公共政策问题的特性、公共政策本身的因素、公共政策资源的充足性和公共政策环境。当这些因素存在问题时，政策执行的有效性就要打问号。在本案例中农村改革面临的困难主要是由公共资源的充足性和公共政策环境这两类因素存在不足所导致的，其中公共政策环境不足所带来的困难更具有根本性。

4.3 非行政政策工具的使用

内江市在推动农村改革时除了使用传统的行政性工具之外，还使用了大量的非行政性工具，其代表就是农业 BOT 机制的建立。非行政性工具通过联合社会或者企业的力量来实现政策资源，能够更好地提高生产效率，促进技术进步和使政府获得更多的资金支持。农业 BOT 机制一般由龙头企业或专合社自己融资来设计、建设项目，经营一段时间以收回投资，经营期满后，项目所有权或经营权又交回给农户。内江市通过这一机制，更有效地实现了土地规模经营、农民务工增收、产业连片发展、分散业主风险和集中有效管理等政策目标。

BOT 机制要想能够长期稳定运行下去，必须真正做到以下三点：一是伙伴关系，集中体现在项目目标一致之上；二是利益共享，不是简单地分享利润，还需要控制企业可能的高额利润；三是风险共担，各方都应该且只承担自己有优势方面的伴生风险。在 BOT 机制运行的过程中，由于我国市场经济不发达，企业力量不够强大等各种主客观条件的限制，在很多情况之下都没有真正做到以上三点。政府居于事实上的主导地位，与企业不是真正意义上的伙伴关系。在这样一种情形之下，再加上法律法规的不健全，领导意图的变换，企业往往会处在一种无所适从的境地。再如有的政府官员在建立 BOT 机制的过程中，只考虑自己扩大资金来源的需求，把所有的风险都让企业来承担。这显然不符合风险共担的要求，长期来看必然挫伤企业参加 BOT 机制的积极性。

5　课堂安排

本案例讨论约 90 分钟，具体安排如下：

（1）课堂前言（5 分钟）。教员简明扼要地明确主题和提出相关要求。

（2）阅读案例（10 分钟）。组织学员阅读案例材料并要求独自思考案例后的思考题。

（3）分组讨论（25 分钟）。由各个小组撰写发言大纲，并用彩笔写在大白纸上。教员此时须留意小组讨论情况，应及时制止小组讨论与课堂无关的内容。在剩余 5 分钟时应提醒小组要及时形成发言大纲。

（4）小组发言（30 分钟）。

（5）引导总结（20 分钟）。教员引导全班同学进一步讨论，然后总结小组讨论及发言的情况，并简单阐述相关理论。

课后计划：请各个小组形成本小组关于四川省内江市农村改革

的建议。

6　其他教学支持

教室的桌椅可以自由移动；有可以自由移动的黑板；为每个小组提供5张大的白纸和1支彩笔，供向其他小组展示自己小组讨论的结果。